沟通的艺术

陈世霖 ○ 著

中国商业出版社

图书在版编目（CIP）数据

沟通的艺术/陈世霖著.—北京：中国商业出版社，2019.3
（受益一生的成长心理课）
ISBN 978-7-5208-0702-9

Ⅰ.①沟… Ⅱ.①陈… Ⅲ.①人际关系学－通俗读物 Ⅳ.① C912.11-49

中国版本图书馆 CIP 数据核字（2019）第 041194 号

责任编辑：唐伟荣

中国商业出版社出版发行
010-63180647　www.c-cbook.com
（100053　北京广安门内报国寺 1 号）
新华书店经销
河北华商印刷有限公司印刷

*

880 毫米 ×1230 毫米　32 开　8 印张　170 千字
2019 年 4 月第 1 版　2019 年 4 月第 1 次印刷
定价：39.80 元

* * * *

（如有印装质量问题可更换）

前 言
PREFACE

说话是一门学问，更是一门艺术。中国美学家朱光潜说："话说得好就会如实地达意，使听者感到舒适，发生美感，这样的说话，就成了艺术。"然而，生活中因说话说不好而苦恼的人不在少数。有的人不懂赞美，在朋友取得胜利和成功的时候，拙于言辞，导致好友误解是心存嫉妒；有的人羞于启齿，面对心爱的人，无从表达，最终错过了美好姻缘；有的人本来出于真心善意的关怀和问候，因为词不达意，让对方听起来却是一次别有用心的讽刺与挖苦……其实说话不必口若悬河、滔滔不绝，也不需要旁征博引、口吐莲花，只要把话说到对方的心坎儿里就能打动人心，让对方口服心也服。能把话说到心坎儿里就是真口才。

会说话的人能把话句句说到他人的心坎儿里，这样他才能在社交场合中脱颖而出、左右逢源、如鱼得水；会说话的人能把各种各样的事情件件做到点子上，这样他才能长袖善舞、财运亨通，才能生活顺心、事业有成。

如果不懂说话的学问和技巧，只会一味胡言乱语、言行无状，最终的结局必然是事与愿违。所以说，是否具有很强的语言表达能力和说话技巧，能否把话说到心坎儿里、说到点子上，对于我们每一个人来说都是至关重要的。它对于我们事业的发展、理想的实现和生活的幸福，有着举足轻重的影响。正如史宪文教授所说的那样："不必海阔天空，能把事想到点子上的就是大智者；不必口若悬河，能把话说到点子上的就是真口才。"

说话说到心坎儿里，说起来简单，但做起来却并不那么容易。它增一分会太长，减一分则太短，它多一点会太咸，少一点会太淡，只有从生活的实践中不断地锤炼自己，从说话的多少、详略、分寸上下功夫，从表达的缓急、深浅、尺度上做文章，才能逐步掌握说话的诀窍和学问。

为了更好地掌握说话的技巧，我们从一种全新的角度策划和编写本书，通过具体生动的故事及评析，阐明说话的技巧和方法，语言通俗，让读者在轻松愉悦中吸收和学习说话的智慧。打造卓越的说话技巧、提升不凡的沟通能力，本书必将成为每位读者的良师益友。

我们相信，当你真正掌握了说话这门学问，你就拥有了成功人生的资本。

目 录
CONTENTS

第一章　摸准对方心理，说他们想听的话 / 001

　　长话，要缩短了说 / 002

　　直话，要转个弯儿说 / 006

　　冷话，要加热了说 / 011

　　大话，要降三级后说 / 014

　　反话，要转正后说 / 018

第二章　有些话必须及时向对方表达出来 / 023

　　欣赏的话，请快点说 / 024

　　赞美的话，抓时机去说 / 029

　　感激的话，请及时说 / 035

　　理解的话，请当场就说 / 039

鼓励的话，要适时去说 / 045

第三章　多说才能战胜心理魔鬼 / 049

谦让的话，请主动说 / 050

消极的话，转为积极地说 / 055

激励的话，要多说 / 062

请求之语，请用敬辞说 / 067

友好的话，要创造机会说 / 070

第四章　直截了当地说话，很容易伤到别人 / 073

露骨的话，要含蓄地说 / 074

纠错的话，要留面子说 / 081

交锋的话，找一个台阶说 / 086

反对的话，请绕个弯儿后说 / 093

良言忠告，要委婉顺耳地说 / 098

第五章　贴心交谈，把每句话都说到他人心坎儿里 / 101

争论之语，请降温后说 / 102

爱语，请深情地说 / 106

否定的话，要机智地说 / 111

友善的话，请和颜悦色地说 / 117

批评的话，请温和点说 / 122

第六章　说真诚的话，让他人感受到你的坦率 / 125

谅解的话，要在适当的时候说 / 126

他人的苦话，请分忧着说 / 129

责怪的话，换作鼓励说 / 135

演讲的话，带着浓情说 / 139

关怀的话，真诚地说 / 144

第七章　言多必失，别什么话都说 / 147

带刺的话，请过滤后说 / 148

两难的话，请模糊地说 / 153

玩笑话，要适当说 / 159

面试的话，请小心去说 / 163

命令之语，要请求着说 / 170

第八章　懂得变通，到什么山唱什么歌 / 175

逐客的话，要巧妙地说 / 176

逆耳忠言，请有策略地说 / 179

露骨的话，可旁敲侧击说 / 187

贬低的话，请拔高后说 / 192

讲真话，也要策略地说 / 195

第九章　别急着开口，说话前先琢磨对方心理 / 199

八字没一撇的话，别随便说 / 200

发怒的话，等等再说 / 203

喋喋之语，立即闭嘴 / 208

有毛病的话，纠正后说 / 213

插话，等时机再说 / 218

第十章　不该说的话决不轻易说出口 / 223

扫兴的话，最好不要说 / 224

揭短的话，半个字都说不得 / 228

忌讳的话，要回避不说 / 231

惹祸之话，请咬牙不说 / 237

隐私之语，请闭嘴不说 / 243

第一章

摸准对方心理,说他们想听的话

长话，要缩短了说

> 言不在多，达意则灵。无论在什么场合，讲话要语不厌精，字字珠玑，简练有力，使人不减兴味；冗词赘语，唠叨啰唆，不得要领，必令人生厌。

每个人的生命都是由时间组成的。信息时代的今天，每个人都有干不完的事，都有无穷的梦想等待着去实现，这一切都需要时间。因此，无论是领导讲话还是员工做推销，或是熟人朋友之间的闲聊，都一定尽量长话短说，千万别啰哩啰唆，没完没了。

长话，不仅是对他人不负责，也是说明自己的归纳能力还有待改进。有这样一个关于啰唆的故事。

一个书生一日外出游玩。他走到外地，突然想起家中皮箱里的一件棉袄需要拿出来晒晒太阳以防长霉，于是他写了一封信托人带给他父亲。信是这样写的：

第一章
摸准对方心理，说他们想听的话

我最尊敬的父亲大人：

您好！请您将我那衣柜里的皮箱打开，将皮箱里的棉袄，我过冬穿的棉袄，那件已穿了三个冬天的棉袄，箱子中唯一一件棉袄小心地拿出来。拿到太阳底下来，放到晒衣架上，拍拍打打，打打晒晒，前面拍拍，后面拍拍，翻过来拍拍，拍掉上面的灰尘，打松一点衣里的棉花，再对着太阳晒上三个时辰。然后在太阳下山前收起来，收时再拍拍打打，打打拍拍，再照原样放回柜中皮箱里去。至此，我不再啰唆了，不再多说了，估计父亲大人您也听懂我的意思了，我就此打住，不再强调了，一切就这样，就这样吧，拜托您了……

这显然是一个讽刺笑话，一句话完全可以说明白的事，这位啰唆先生硬是写了一页纸。

许多长话是纯粹的啰唆，也是完全没必要的。说话简单明了最打动人，因为人的注意力有限，而且说得太长也不方便别人归纳提炼主题。因此，古人说话有"惜字如金""要言不烦"之说。

把短话说长，不容易，但把长话说短更不容易。有用的话，不在多，而贵在精。人类最有效率的话，就是短语，比如部队里那些常见的短语：立正、稍息、向右看齐、保证完成任务等；我们日常交往中用得最多的短语有：早上好、你好、谢谢、请、对不起、十分抱歉等；还有在情人世界里，情人之间可能要讲千言万语，但这千言万语之中男人最能打动女人的话，只有三个字——我爱你。

由此可见，感人的话，打动人心的话，都不在长，而在于精。

丘吉尔，是英国历史上一位有独特魅力的首相。有一次，他被邀请到剑桥大学做"成功奥秘"演讲。当时,丘吉尔十分繁忙,但他还是答应出席。剑桥大学的大礼堂里人山人海,许多学生都想亲睹首相风采。

丘吉尔准时到达会场,他径直走到演讲台上,而后慢慢地脱下大衣交给随从,接着摘下帽子,目光缓缓地在听众身上移动。一分钟后,他激扬地说出了一句话:"我的成功秘诀就是:绝不放弃!"

说完这句话后,丘吉尔又穿上大衣,戴上帽子,步行离开了会场,整个会场鸦雀无声。一分钟后,会场上响起了雷鸣般的掌声。

这是丘吉尔一生中最后一次演讲,也是世人认为最精彩的一次演讲。

丘吉尔长话短说,一句话讲出了成功秘诀,告诉同学们干什么事情都要坚持到底,只要有绝不放弃的信念就一定能够成功!"要言不烦"这个成语,就是用来形容人们讲话或写文章简明扼要,不烦琐。如果一个人的演讲"要言不烦"的话,往往会收到事半功倍的效果。

1940年,处于欧洲反法西斯侵略最前线的英国,由于黄金外汇枯竭,已完全无力按照《现购自运法案》从美国获取军事装备,只好求助于罗斯福总统。而罗斯福必须说服美国国会暂时终止《现购自运法案》,才能继续向英国提供援助。但是,一些目光短浅的议员拒绝给英国以支援。

为此,12月17日,罗斯福在国会就全力支持英国的议案发表了演说:"尊敬的女士们、先生们!如果我的邻居失火了,而我拥有浇花的水管,我应该把水管马上借给邻居灭火,而不是讨价还价。因为我帮邻居灭火时,也避免了火势蔓延到我的家!"

热烈的掌声响了起来。罗斯福通过比喻和假设说明了英国和美国唇亡齿寒的关系,一语惊醒了本来持反对意见的议员们。最后,美国同意大力支援欧洲反法西斯战争,赢得了丘吉尔和斯大林等世界反法西斯同盟国领导人的高度评价。罗斯福的演讲可谓是"要言不烦"的典范。

语言简洁是以最经济的语言,输出最大的信息量。简洁的语言常常比繁冗的话题更吸引人,它体现出说话者分析问题的快捷和深刻,是其认识能力和思维能力高超的表现;它能使听者在较短的时间内获得较多的有用信息,有助于博得对方的好感;它是说话人果断的性格表现。说话简洁会给人一种生机勃勃的现代人的感觉,尤其为人推崇。所以我们要努力培养自己简洁精炼的言语风格,提高语言表达能力,学会简洁是必过的一关。

直话，要转个弯儿说

> 转着弯儿说话是用委婉含蓄的话来烘托暗示。直语易伤人，何不绕个弯儿。同样的表达，同样的目的，绕一个弯儿就能圆满，何必弄得目的达不到还得罪了对方。

直话多半都是直指他人缺点的话，都是点击听者身上"死穴"的话。客观上，这种话的确是应该讲的。如果你真正关心对方，真正想继续交往下去，那就有义务提醒对方身上某些明显的缺点。因为缺点只能首先被他人发现，而自己一般是感觉不到的。

不过，你真正将直话讲出去了，那多半只能得到一个结局——对方不仅不感谢你，而且还会在心里怨恨你。这就是人性的弱点，人都只听得见赞美和吹捧的话，而不想听负面的话。要知道，听得进忠言和逆耳之言的人，是需要修炼的，是要有境界的，而这种人，生活中却并不多。

所以，直话并不那么好讲，一出口多半会伤人。那么，不得不说的话，应该怎么说才有效果？应该转个弯儿再说。

所谓转了弯儿的话，就是将生硬如石头的话加温、加工，使之变成柔软的话、温暖的话。这样的话才是"话中正品"。直话，从人性的角度来说，只是话中的"次品"而已。因此，我们在讲的时候，要多出正品，少出次品。

说直话的目的也是要人听进去后有所改变，其最终追求的依然是效果。直话，一则伤害对方的尊严和面子；二则否定了人家的智慧；三则否定了人家的品德。正因为如此，许多直话不仅没有收到预料的效果，而且还会恶化人际关系。

转了弯儿的话，则正好弥补了直话的三大缺点，找到了对方能接收的频道。因此，对方会舒服地听到耳里去，顺利地流到心里去，从而达到说话的真正目的。

所以说，你如果要讲他人的直话，最好再等等，等你能用转了个弯儿的话说时再说。不然，时机不成熟，结果也会适得其反，还不如不说。

有这样一个故事：

某人长期借钱不还，只要是他认识的人，他都借了钱。他口才特别好，脸皮也修炼到了一定的厚度。一日，他又找朋友甲借钱，他一进门就说："老朋友，别看报了，我有急事找你，只有你能帮我。"

甲一听他又是来借钱的，心里就有火，上一次借的钱还没还就又来借了。他心里立即涌出了几句十分直白的话："你上次借的钱都还没有还，还有脸再来开口呀！""我不能再借钱给你这样的人，你得赶快还上次的钱。""抱歉,我手中没钱。""就这一次,下不为例了!"

甲转而一想,朋友相处多年,他人并不坏,只是有此毛病,理应劝他改改。于是,他没有将心中的直话讲出来,而是换了一种方式说道:"我们是老朋友了(其实还不算老,尊重他),借钱没问题,你先坐下喝杯茶,听我说几句。你看今天的报纸又在报道中国的水资源还能用50年左右,资源都快枯绝了,你知道什么原因吗?"

借钱者只想借钱,他略一思考后说:"不知道,你学问多就告诉我吧!"

甲叹息道:"资源再多也有穷尽的时候呀,关键是要懂得及时维护,若不维护,只任意开采,总会枯竭的呀!"

借钱者并非非要借到这笔钱不可,他是明白人,一听就能听出朋友是在委婉地劝他。他立即醒悟,带着歉意走了。

他似乎从这次谈话中悟到了点什么——友情也是需要维护的。

在人际交往中,别人提出的要求,总有些是我们所不应、不能或不愿答应的。但拒绝总是令人遗憾的,要把这种遗憾降到最低限度,既不伤害对方的自尊心与感情,又达到拒绝的目的,这就需要我们掌握说"不"的技巧,把拒绝的话讲得委婉灵活一些。

当你遇到敏感的问题或难以满足的要求而又不便直接拒绝时,不妨以某种话语暗示自己的拒绝之意。

据说,某个企业家飞赴香港创办××实业公司时,受到各方重视,一下飞机就有记者采访。一位女记者问他:"你带了多少钱来?"企业家随口便答:"对女士不能问岁数,对男士不能问钱数。小姐,你说对吗?"含蓄回避,而又幽默俏皮,比支支吾吾哼哼哈哈来掩饰，或用"恕我直言，无可奉告"来拒绝，效果明显要强上百倍。

许多时候，针对某些人，我们千万不能耍直脾气。在与人交往中，我们常常会听到这样的话："我这人是个直脾气，说错了你别见怪。"乍一听挺真诚，其实仔细推究起来，不免包含了另外一种意义，即给自己说错话或可能说错话开脱。那么既然有开脱之嫌，时间一长，难免会被听者窥破。这样一来，即使你当时确乎真心，也许还是会被对方误解，从而产生芥蒂。

因此，在我们日常谈话中，有时因为环境、气氛、心理等因素，有些内容不便直接说出来，要用婉转的语言来表达，即俗话说的转着弯儿说，就可以避免给对方造成不良印象，破坏谈话的气氛，甚至使谈话无法进行下去。

一位妻子下班途中塞车，回到家里早就过了吃饭时间，等不及的家人已经吃过了，老人和孩子到外面散步去了，丈夫正在网上兴致勃勃地冲浪……但是，一个这样常见的生活场景，两个家庭却上演了两出截然不同的话剧——

A 家庭：

丈夫：你吃饭了没有？

妻子：（吃枪药似的）我不是才回家吗？上哪儿吃去？吃公饭啊？我可没那个福气。

丈夫：没吃就没吃，发哪门子的火？

妻子：（提高嗓门）人家肚子空空，前胸贴后背，你酒足饭饱在家待着！好福气啊！

丈夫：（没好气地）问一下还不行？真是的，好心当成了驴肝肺。

算我问错了，行不？

  妻子：（把包重重地扔在沙发上）你说的本来就是废话！

（"嘭"，丈夫把书房门关上了。）

  B家庭：

  丈夫：你吃过饭没有？

  妻子：还没有呢，你们都吃过了？

  丈夫：吃过了，女儿和妈出去玩了。（在电脑前兴奋不已）快来看啊，我的牌真好。

  妻子：哟，这么好的牌啊，连傻瓜也能打得好。

  丈夫：快去吃饭，吃好了换你上来打，我要看新闻去了。

  妻子：好嘛，几分钟就好了。（一溜烟地跑进厨房，马上端碗饭凑到丈夫身边。）去去去，我来了。

  丈夫：哎呀，我打完了这局就走。

  妻子：我会帮你打好的，快让开，新闻联播开始了。

  A家的妻子恶言恶语，火药味十足，丈夫不生气才怪呢，晚上两人不发生战争就已是万幸；而B家的妻子呢，言语亲昵，心平气和，两人一问一答，夫妻之间的浪漫温馨尽显其中。假如A妻子能向B妻子学习学习，换种说话方式，家里的气氛就绝对不会那么剑拔弩张了。

  转着弯儿说，并非花言巧语，并非为了哗众取宠，耍什么花招，也不是语言不清晰，态度不诚恳，不让人弄明白什么意思。它是一种富于智慧、独具魅力的表达技巧，是为某种需要而采用的方法。转着弯儿说，有时比口若悬河更可贵。

第一章
摸准对方心理，说他们想听的话

冷话，要加热了说

> 给语言加点温，让生活更惬意一些；给自己一些温暖的语言，让生活更纯净一些；给别人一些温暖的语言，让生活更和谐一些！

冷话，就是生硬的话，不带情感的话，甚至是冷酷无情的话。这样的话，谁都不愿意听，常言道：良言一句三冬暖，恶语伤人六月寒。其实，语言是有温度的，不同的语言给人的感觉迥然不同。文明礼貌的语言是温暖的，如谢谢、对不起、没关系；尊重他人的语言是温暖的，如您好、您先请、请坐；关心他人的语言是温暖的，如注意身体健康、多保重。

温暖的语言，恰似一阵春风，吹走你心中的阴霾；犹如一杯热茶，抚慰你受伤的心灵。冰冷的语言，却像一把尖刀，损伤你的尊严；犹如一根木棒，打击你的自信。

这个世界上，每个人都需要温暖。尤其是竞争日益激烈的今天，人情越来越淡的今天，谁不需要阳光和温暖呢？

正因为一些人缺少温暖，心都是凉凉的，所以他们一开口，就讲冷冰冰的话语。如见到路边的乞丐乞讨，他们可能会冷斥一声："滚开！"见到熟人投资失败了，他们可能会幸灾乐祸地说："自找的。"见到同事业绩大增，他们会愤愤不平道："这没什么了不起。"

然而，我们若将身份调换过来，我们成了那个意外的失败者、伤心者，或者成功者，我们内心深处也会期待着身边的人能说上几句温暖的话、阳光的话、正面的话、鼓励的话，而不是冷冰冰的话。

人们都在孤独地赶路，谁都很少听到同路人的温暖语句，哪怕是一句话，也能伴随着他们度过心中的寒冬，也能不断地温热他们的心田。

人都是有弱点的，谁都希望从他人口中得到欣赏和鼓励，谁都想从他人那里得到尊严和面子，谁都想从他人那里得到温暖与关爱。因此，每当我们要开始讲冷冰冰的话时，我们要用心升一下温后再讲出来。冬天谁都不愿意吃没加热的冷面包，而愿意吃加热了的面包，因为这种面包闻起来香喷喷的，吃起来很柔软，很容易消化，拿在手中也是暖到心里。

假如人人都能将冷话加热后说出来，假如人人都能献出一点爱，那么，这个世界就会更有人情味，不然，就是人间地狱，冷风嗖嗖。爱迪生有一个伟大的母亲，他母亲就是会将老师的冷话升温成暖语的人，她时常对幼小的爱迪生说："孩子，你是最棒的。"

一句冷冰冰的话，有时可以扼杀一个希望；一句暖哄哄的话，有时可以成就一个天才。

　　同样，与朋友交流，说话不能太冷酷，要让人感觉有亲切感，别人才会愿意与你交流，愿意与你增进感情。否则只会拉开彼此间的距离。如："嗨！穿得这么漂亮干什么？要迷死人啊！"这句恭维话就比"不必穿得古里古怪招眼"要亲切得多。

　　总之，我们平时最好用点语言加温术。用文明和尊重给语言加温，让温暖的语言围绕在我们身边。到那时，你会惊奇地发现：你送给别人的或许仅仅是几个"您好""谢谢""对不起"，但别人还给你的却是一脸的笑意，满身的温暖。尊重他人，文明用语，给语言加温，你就会发现：你的生活充满了阳光，充满了文明。

大话，要降三级后说

> 大话是寻找生命自信的一种膨胀的表现形式，是追求发展和强大的一条最直接的精神途径。然而，说大话是十分有害的，并不是一种良好的获得自信和争取同情的手段。

所谓大话，就是说过了头的话，说超出了自己能力范围的话。这种话说时很过瘾，因为一则显示了你的能力强大，二则让听众觉得你了不起，三则有可能给你带来新的发展机会。

但凡说大话的人，都会口若悬河，热血沸腾，只顾图嘴巴快活，逞一时之能，以博取听众廉价的佩服和赞美。就算听众是仇人，哪怕能激起一些怨恨与恼怒的回应，似乎也是一种享受。

人生的诸多烦恼若追根，几乎都可以追到嘴巴上来。有时候，一句大话几秒钟就说出去了，但要兑现，可能三天甚至三年也办不到。

吹牛若只是朋友间相互娱乐一下，不必兑现，那倒不会留下

第一章
摸准对方心理，说他们想听的话

太多的后患，最多给人一种肤浅或轻狂的感觉。但若遇上别人当场针对你强大的能力寻求帮助时，那就很麻烦了，就会造成一个两难——若答应的话，会因为自己能力不够而办不到，就算办到也要花大功夫；若不答应的话，就是在打自己嘴巴，不负责任瞎吹牛。总之，无论选哪种方式，都会给自己带来新的麻烦。

这个世界上有多少人，因说了大话而吃了许多哑巴亏？有多少人，因说了大话兑现不了而失去朋友和恋人？有多少人，因说了大话造成了不可挽回的损失？

那么，应该如何规避这一问题呢？最好的办法是一句大话也不讲。

当然说话也有两面性，话说过一点点，有时并不是坏事，也许它还能激励你更加努力。但要把握分寸，绝不能太过，过到就算你努力也做不到的地步，那就会失信于人，失去朋友，造成不好的结局或不利的人际关系。

总之，只要你想开口说大话时，你就应该记住，先将大话降三级再说出口。

前些年有一个相声，说一年轻人在火车站有关系，在春运期间能搞到火车票，而且还是软卧票。实际上他搞不到。

在单位里吹牛时，他说他能搞到，而且还将自己已搞到的票从上衣口袋里掏出来显摆。同事们都没搞到票，羡慕之余，一同事想托他帮忙弄张票。他把胸膛一拍，说："没问题，这事就包在我的身上。"旁边两位漂亮女孩也开口要求他帮忙，他犹豫了一下，也同样应承下来。

三张票，而且还要软卧车箱。下班后，他为了不失信于同事，只好去弄票啰！

在火车站里，他根本就毫无熟人关系。他自己那张票也是半夜排了三个小时队才购到的。他只好硬着头皮又开始排队。

购票的人越来越多，三张票到手时，已是第二天早上五点半，而且最后一张还是他用50元钱购了个排队者的位置才换来的。天已微明，他只好在路边店吃了些东西就直接上班。一通宵没睡，累得不得了，他十分后悔自己不该瞎吹牛。耽误睡觉不说，还倒贴了100多元，也不敢与同事说。他红着眼睛呵欠连连直接到单位上班。

同事拿到票后，都十分赞赏他——你真有能耐。

他听后十分受用，尤其是漂亮女孩的夸奖。一女孩问他眼咋红了，他说上班时被风吹进了沙子。老总见他们上班时在有说有笑的，就问他们什么事这么开心。一女同事把前因后果说完，还夸了他几句。

老总正为几位亲戚回家搞不到票而担忧，听到手下这么一说，老总自然将购火车票之事立即也转移到他身上："五张，全软卧票。"

他顿时傻了眼，但有言在先，也只好硬着头皮应下来。

可以想象，他又得两个通宵不能睡了。

这个故事说明，一个人千万不能逞一时之能瞎吹牛。否则，说者无心，听者有意，弄不好，也会出现上面的这种情况。倒贴时间、金钱不说，还大伤了自己的身体——简直是哑巴吃黄连，有苦说不出。

第一章
摸准对方心理，说他们想听的话

因此，说话还得低调点儿，高调唱得太多，只会对自己不利。

平时语言交流，最忌讲大话。生活中常常见到有的人明明是主动找上门来求人，但为了顾全自己的脸面，和维护个人的声誉，在介绍情况时，故意把大事化小，难题化易。有的人还加上几句"像这样的问题我本来是完全能解决的，只是由于种种客观原因，所以只好求你帮忙"之类的冠冕堂皇的话，这样求人帮助是没有好结果的。应如实讲明目前所处的困难和自己无力解决的实际情况，恳切地提出需要帮助的请求。

做人说话千万不要自我夸大，一定要表示谦逊。也许你自认为伟大，但别人不一定同意。喜欢夸大自己事业的重要性，间接为自己吹擂，纵使你平日备受尊敬，别人听了这样的话，也会对你非常反感。世间的事情就是这样，如果自己不吹牛，那么别人会来称颂；假如自己说了，人家反而瞧不起你了。不管是什么身份，如果想要受人欢迎，就得要放下身份，主动去亲近别人。想想看，谁会去接近一个成天紧绷着脸，眼睛长在头顶上的人？

一些爱自夸的人最终是找不到一个真正的知己的，这是他自视甚高，轻视一切，不太理会别人的意见，只会自己吹牛的后果。他只想找奉承和听从他的群众，而不是朋友，当然朋友们都唯恐避之不及了。

反话，要转正后说

> 良言一句三冬暖，恶语伤人六月寒。与人交谈，说话要想感动人，就要善于将言辞中的"恶语"转换成"良言"，"反话"转换成"正话"，这样才能沁人心脾，暖人心扉。

话本无正反，只因相对于人的求乐厌恶心理来说，就生出了正负。阴阳理论是哲学的基本理论，天地分阴阳，人类的一切智慧都有阴阳、正负之分。世界是一个动态的世界，有动就有静，有前就有后，自然有反也就有了正。

人是被塑造了的人，人都只爱听好话、奉承话、积极的话、有利于发展的话、赞美的话。一般人都听不得反话，如打击、讽刺、挖苦等，一听就十分不舒服，就会立即受到打击，就会感觉失去了尊严和面子，这就是人。

从生物学的角度来说，负面的话干扰人的心理，从而引发负面情绪升起，导致身体内产生一定量的"毒素"，以致使身心受损。

总之，无论从哪个角度来看，都是反话的弊病远远多于正话的弊病。

因此，为了对他人的身体负责，为了对他人的心情负责，为了对他人的自尊与面子负责，我们都要尽量将反话转正后再说，那样于人于己都会十分有利。

文字就是信息，就是能量，人是懂符号的动物，不同的符号能刺激出不同的结果，正刺激激发正能量，负言词能激发负能量。如听到"寒冰"，你就会凉到心里；一听到王语嫣，就会联想到千金小姐；一听到"一窝蛆"，就会吃不进饭，就反胃……

这就是语言的能量，因此，你发出什么样的信息，或正或邪，就会产生出相对应的结果。也就是说，一个人说话的内容会决定他有怎样的人生，失败者口中多消极之语，卓越者口中多振奋自信之语。

表面上，三岁小孩都会说话，但有些七八十岁的老人也不见得就能从口中说出正面的话，说出中听的话来。话中不中听，好不好听，最关键的问题在哪里呢？在表达方式上。换一种新方式，得一种新结果。

民间有一则故事是这样说的：

媒人问一青年人对女方的第一感觉是什么？

青年人回答："肥。"

媒人又问青年人："女人还有什么特点呢？"

青年人说道："那女子腰像水桶，头发像牛尾巴，腿像大象腿……"

此话传到女子耳朵里，女子怨恨道："这个人没修养，我是胖了点，可我是富态呀！怎么能说我肥呀？"这段姻缘立即被中断了。

过了一段时间，另一个男子又去与上面说的这个女子相亲。那位男子对媒人说："这女子长得不错，身体十分结实，人长得十分丰满，头发如云，长发飘飘，浅笑盈盈，真是美极了。"

此话被媒人传到了女子耳朵里，那女子听了十分感动，她决定继续与这个男人相处下去。后来，她就嫁给了这个会说话的男人。

别人问女子为何不嫁给前面的那个有钱人，而嫁给后面这个条件一般的人呢？女子笑道："女人一生可以没有一切，如金钱、名誉、子女，但唯一不能没有的就是男人的欣赏。"

还有一个相声最能反映这个问题。

女说："女人长得瘦，那叫苗条。女人长得矮，那叫秀气。女人长得胖，那叫丰满。女人眼睛长得大，那叫有一双慧眼。女人眼睛长得小，那叫有一双秀目。女人哈哈大笑，那叫热情洋溢。女人浅浅一笑，那叫含蓄。女人的手很瘦弱，那叫纤纤玉手……"

男说："男人长得瘦，叫什么？"

女说："那叫竹杆。"

男说："男人长得胖，叫什么？"

女说："那叫肥头大耳，五大三粗。"

男说："男人长得矮，叫什么？"

女说："那个叫矮冬瓜。"

第一章
摸准对方心理，说他们想听的话

这个相声，真是把反话说成正话最经典的表白。同样的意思，换一种说法，一切缺点都能成为优点，反过来，一切优点也可以说成缺点。不同的说法，自然会产生不同的结果。

人们见面就问"你好"，这说明人人都是希望得到正面的信息，而不愿意接受负面信息。

许多人对老板、对朋友、对客户的话，基本上都是说正面语言；但这些人一回到家，一回到子女面前，那套负面语言就立即暴露出来了。

反话，就是毒药。一个长期说反面语言的人，他周围的人就容易生病，容易闹情绪。一个脾气暴躁对老婆和孩子讲反话的人，于己不利，于他人也不利。

因此，反话要尽量少说，甚至不说。一旦有反话要说出时，最好将其转正后再说。

正话，利人利己！因此，我们不管在何时何地对何人，都应把话说得好听点儿。一个人说话准确生动，入情入理，亲切温和，不仅体现了自己良好的修养和风度，同时，对促进人际关系的和谐、融洽、亲密，也有至关重要的作用。

第二章

有些话必须及时向对方
表达出来

欣赏的话，请快点说

> 现实生活中，一个善于发现别人长处、善于欣赏别人优点的人，绝不是单方面的给予和付出。欣赏别人，往往也会激励自己。

世界是一个整体，但认识世界的人却只是一个局部。我们每个人只从一个或几个角度认识世界，比如研究社会学的人从社会角度看世界、学艺术的人从艺术的角度看世界等。世界上数千门学科，把我们每个人切割成了分裂的人、局部的人。因此，几乎可以说，我们人人都是带有偏见的人，我们所说的话，几乎都是带有偏见的话。

由此可知，在人与人交流中，在一个团队内，一个组织中，当要对某一件事发表看法时，自然就会见解各异。那么，究竟谁对谁错呢？

可能没有对与错，只是角度不同而已，只是得失不同而已。如

第二章
有些话必须及时向对方表达出来

果生活中、工作中出现了不同的意见,在取舍之前,我们应该多一些包容,多一些理解,多一点欣赏和赞美之词。

欣赏就是赏识,欣赏就是领略,欣赏就是视线之内的一份美好。欣赏别人是一种尊重,被别人欣赏是一种承认,无人欣赏则为一种大不幸。如果一颦一笑一招一式都有人欣赏,那孟浩然就不会发出"欲取鸣琴弹,恨无知音赏"的慨叹了。

鸟啼而欣然,花落而自得。可见任何地方都有真正的妙境,任何事物都有真正的玄机。欣赏高山,自会在高山的巍峨中找到强悍和凝重;欣赏大河,自会在大河的澎湃中感悟到气度与洗礼;欣赏大树,自会在大树的伟岸中获得自立与尊严;欣赏小草,自会在小草的葳蕤中汲取执着与希望。

欣赏不同于好奇,需要有一双睿智而又真诚的眼睛;欣赏不同于猎艳,需要具备艺术的敏锐心灵,需要那份澄澈境界的雄阔。欣赏是人生的阶梯,会产生奇妙无比的效果。欣赏更需要慧眼独具,角度不凡。正如明代学者洪应明所言:"雨余观山色,景象便觉新妍;夜静听钟声,音响尤为清越。"

懂得欣赏他人,是一种做人的美德和智慧。人上一百,形形色色。人生活在社会中,彼此之间难免存在利益的差别、思想的分歧,但更具有一致的目标、相通的感情,更需要相互的支撑、相互的理解。

尺有所短,寸有所长。在一个人的周围,无论是上级、同事,还是下属、朋友,都有可以欣赏的亮点,都有可以学习的地方。所谓"三人行,必有我师焉",说的就是这个道理。

富兰克林说:"我成功的秘诀是,从不说别人的坏话,只说别人的好处。"

培根说:"欣赏者心中有朝霞、露珠和常年盛开的花朵。胸怀宽广、虚怀若谷的人,才能懂得欣赏他人。懂得欣赏他人,就是知道尊重和关爱他人,知道看到他人的长处。"

有一则故事很能说明欣赏的力量。

有一个富翁,由于他特别喜爱吃烤鸭,于是重金聘请了一个精于制作烤鸭的大厨师,每天为他烤一只鸭子。大厨师名不虚传,每天烤出的鸭子,香喷可口,不过却只有一条腿。富翁觉得很奇怪,但碍于身份也不便过问。过了一星期,厨师烤出来的鸭子还是只有一条腿,富翁实在忍不住了,他叫出厨师。

富翁问道:"你烤的鸭子为什么都只有一条腿呢?另外一条腿到哪里去了呢?"

厨师答道:"哎呀!你弄错了,鸭子本来就只有一条腿啊!不信的话,我带你去看看。"

于是,厨师带着富翁到后院。这时,鸭子因天气热,缩了一足在树荫下站着休息。

厨师说:"你看!鸭子都只有一条腿啊!"

富翁气不过,立刻双掌用力拍了几下,掌声惊动鸭群,伸出了另一足,纷纷走避。

富翁说:"你看!鸭子明明都有两条腿啊!"

厨师答道:"是的!如果你早鼓掌的话,那鸭子老早就是两条腿了。"

第二章
有些话必须及时向对方表达出来

千万别像富翁那样，吝于鼓掌，否则你吃到的烤鸭，很可能永远只有一条腿啊！

一个人懂得欣赏别人，在把慰藉和力量给了他人的同时，也把激励和鞭策给了自己。因为在欣赏他人的过程中，自己往往也能以人为镜，看出不足，找出差距，从而不断提高素质能力和修养水平。

懂得欣赏他人，有利于形成融洽和谐的人际关系。一个人希望得到他人欣赏，并不等于图虚荣、好面子；一个人懂得欣赏他人，也不是不顾事实、只唱赞歌。真正的欣赏是真诚和善意的流露，是理解和尊重的体现。这样的欣赏，给人以温暖和关怀，有利于激励人们施展才干、发挥才智，有利于增进人与人之间的信任和感情。俗话说看人长处，可以相处。

许多事实证明，发自内心的欣赏比劈头盖脸的训斥更起作用。一个人如果把同行视为冤家，看他人一无是处，他是伤疤我是花，我最美丽他很差，往往会引起摩擦和冲突，最终自己也将难有大作为。只有学会欣赏他人，以诚待人，学人之长，才能营造出融洽和谐的人际关系，从而集中精力做事创业。

世界是丰富多彩的，欣赏良辰美景愉悦人们的心灵，欣赏精品佳作提升人生的境界。其实，人与人之间更需要欣赏，欣赏给人们带来无穷的力量。得到他人的欣赏，就是得到他人的鼓励，自然会感到幸福和快慰。

爱人者人必爱之，懂得欣赏他人，自己也必然收获友谊和快乐。在现实社会里，人与人相处是一门学问，一门艺术。懂得欣赏他人，学会欣赏他人，用宽容代替苛求，用鼓励代替指责，人与人之间就会多一分温馨，我们的社会就会多一分和谐。

欣赏别人，就不要吝啬你的赞美之词。林肯说过："每个人都喜欢赞美。"赞美之所以得其殊遇，一在于其"美"字，表明被赞美者有卓然不凡的地方；二在于其"赞"字，表明赞美者友好、热情的待人态度。

人类行为学家约翰·杜威也说："人类本质里最深远的驱策力就是希望具有重要性，希望被赞美。"因此，对于他人的成绩与进步，要肯定，要赞扬，要鼓励。当别人有值得褒奖之处，你应毫不吝啬地给予诚挚的赞许，以使得人们的交往变得和谐而温馨。

可以说，欣赏是友谊的源泉，是一种理想的黏合剂，它不但会把老相识、老朋友团结得更加紧密，而且可以把互不相识的人连在一起。

每个人都渴望得到别人和社会的肯定和认可，我们在付出了必要劳动和热情之后，都期待着别人的赞许。那么，把自己需要的东西，首先慷慨地奉献给别人，体现的是我们的大方和成熟。

多讲欣赏的话，是对别人的尊重和评价，也是送给别人的最好礼物和报酬，是搞好人际关系的一笔暂时看不到利润的投资。它表达的是我们的一片善心和好意，传递的是你的信任和情感，化解的是你有意无意间与人形成的隔阂和摩擦。对人表示赞许，何乐而不为呢？

既然欣赏是人际交往的润滑剂，我们就要在和周围人相处的过程中，毫不吝啬地赞扬别人，使赞许动机获得广大而神奇的效用。真诚的赞美是生活的动力之源。它们是空气，充满我们的汽车轮胎，载着我们在生活的大道上向前飞奔疾驰。

第二章
有些话必须及时向对方表达出来

赞美的话,抓时机去说

> 赞美可以给平凡的工作带来温暖和快乐,可以给人们的心田带来雨露甘霖,给人带来鼓舞,赋予人们一种积极向上的力量。

大文豪马克·吐温曾经说过:"一句美妙的赞语可以使我多活两个月。"细想起来,这句话不无道理。马克·吐温坦诚地倾吐了我们人类所共同需要的精神食粮——赞美。

一位心理学家说:"赞赏是对一个人价值的肯定,而得到你肯定评价的人,往往也会怀着一种潜在的快乐心情满足你对他的期待。这在心理学上叫做赞赏效应。"当你对某个人有意见或准备指责他的时候,你不妨试一下赞赏,首先看看你想责备的那个人,还有哪些值得敬佩和赞赏之处,然后真诚地表达出来,把你对他的批评或责备变成一种你对他的期待,并让他感到自己是一个值得你所期待的人,你一定会收到比预想要好的交际效果。

喜欢听好话、受到赞美是人的天性之一。每个人都会对来自社会或他人的得当赞美而感到自尊心和荣誉感上的满足。当我们听到别人对自己的赞赏，并感到愉悦和鼓舞时，不免会对说话者产生亲切感，从而使彼此之间的心理距离缩短、靠近。那么，此时若抓住这个时机求人办事，往往是事半功倍。

美国商界中，年薪最早超过100万美元的管理者叫小刘·斯科尔特。他在1921年被安德鲁·卡内基选拔为新组建的美国钢铁公司的第一任总裁，而当时他只有38岁。那时人们收入水平普遍较低，因此这100万美元的价值相当高。

为什么小刘·斯科尔特能够获得如此高的年薪呢？他是天才吗？当然不是，小刘·斯科尔特亲口说过，对于钢铁怎么样制造，他手下的许多人比他懂得还要多。

小刘·斯科尔特说，他能够拿到这么多的年薪，是因为他知道跟别人相处的本领，知道办事的诀窍。他说那只是一句话，但这句话应该锲在全世界任何一个有人住的地方，每个人都要背下来，因为它会改变我们的生活，会提高我们的办事能力。他说："我认为，我那些能够使员工鼓舞起来的能力，是我拥有的最大的资产。而能够让一个人发挥出最大能力的方法，就是鼓励和赞美。"

因为，只要是人，就都希望获得别人的赞美。没有人喜欢遭到别人的指责和批评。同样的道理，在办事的时候，你要与人打交道，那么赞美别人就是你求人办事的诀窍所在。

心理学家认为：使一个人发挥最大能力的方法是赞赏和鼓励。在生活中，大多数人希望自身的价值得到社会的承认，希望别人欣

第二章
有些话必须及时向对方表达出来

赏和赞美自己。

美国一位哲学家曾说：人类天性中都有做个重要人物的欲望。这是人类与生俱来的本能欲望。人类天生有一种被人称赞的强烈愿望。所以，能否获得赞美以及获得赞美的程度，便成了衡量一个人社会价值的标志。每个人都希望在赞美声中实现自身的价值。

工作和生活中，赞美可以令别人愉快，自己也会因此受益。卡耐基在《人性的弱点》中，讲了他曾经经历的一件事。

一天，卡耐基去邮局寄挂号信。从事着年复一年的单调工作的邮局办事员显得很不耐烦，服务质量很差。当她给卡耐基的信件称重时，卡耐基对她称赞道："真希望我也有你这样的头发。"

听到这句赞美，办事员喜出望外，惊讶地看着卡耐基，接着脸上泛出微笑，热情周到地为卡耐基服务。

在现实生活中，能够得到赞美或能够真诚给予赞美的人还很有限，有的人想得到别人的赞美，却又对别人很吝啬，人们往往对自身的这种心理需求产生误解，认为赞美与奉承同义，而奉承即是献媚，献媚便是有辱自己的人格，会受到人们的唾弃。有的人则自视清高，目中无人，觉得别人都是凡夫俗子，谁也不如自己。于是乎，即使周围存在许多美好的人和事，也不愿加以赞美。其实，奉承和赞美两者之间有着本质的区别，我们反对做虚伪奉承的人，不说言不由衷的话。我们提倡真诚的赞美，提倡对真善美的讴歌。

张海迪曾应日本友人之邀，赴日参加特意为她举行的演讲音乐会。张海迪面对台下一个个热情的日本朋友，第一次在这样的场合用自己学来的日语做自我介绍，并唱了几首自己创作的歌曲。在她讲完之后，主人之一，日本著名作家和翻译家秋山先生上台把她紧紧抱住，连声称赞说："讲得太好了！"台下的许多朋友也大声说："讲得太好了，我们全部听得懂！"一字字、一句句吐露了日本友人内心深处真情的话语，这是多么大的鼓舞啊！

这简短的几句赞美，犹如雪中送炭，使张海迪增强了自信心，认识到自身的价值，营造了一种和谐的气氛，把演讲音乐会推向高潮。

人人都有渴望赞美的心理需求，有时一句美好的赞语可以影响一个人的一生。

大音乐家勃拉姆斯出生于德国汉堡的贫民窟，少年时代便为生活所迫混迹于酒吧间里。他酷爱音乐，却由于是一个农民的儿子，享受不到教育的机会，更无从系统学习音乐，所以，对自己未来能否在音乐事业上取得成功缺乏信心。然而，在他第一次敲开舒曼家大门的时候，根本没有想到，他的一生的命运就在这一刻决定了。当他取出他最早创作的一首C大调钢琴奏鸣曲草稿，手指无比灵巧地在琴键上滑动，弹完一曲站起来时，舒曼热情地张开双臂抱住了他，兴奋地喊道："天才啊！年轻人，天才！"

正是这出自内心的由衷赞美，使勃拉姆斯的自卑感消失得无影无踪，也赋予他从事音乐艺术生涯的坚定信心。从那以后，他便如同换了一个人，不断把心底里的才智和激情流泻到五线谱上，成了音乐史上的一位卓越的艺术家。舒曼对勃拉姆斯发自内心的一句赞美，成了勃拉姆斯一生中的转折点。正是这一句赞美，创造了伟大

第二章
有些话必须及时向对方表达出来

的音乐大师，使人类听到了《B小调钢琴四重奏》等一曲曲美妙绝伦的乐章。

由此可见，真诚的赞美对人对己都有重要的意义。

尊重别人，别人才会敬重你。任何人都有活着的理由，存在的价值。即使是卑微的人，也希望受到别人的尊敬。

我们每个人都希望自己受到别人的赞美，而实际上，我们花了很大的精力，希望从他人那里得到赏识。但是，周围充分理解自己言行的人并不多，而我们自己也很少评论那些发生在周围的、我们所喜欢的言行。这一点着实令人感到奇怪，因为表示赞赏是非常容易的，不需要任何代价，而在赞美别人后自己得到的回报却是多方面的。

人人都喜欢被赞美。美国著名社会活动家曾推出一条原则："给人一个好名声。"如果你能以诚挚的敬意和真心实意的赞扬满足他人的被认同感和荣耀感，那么他人可能会变得更令人愉快、更通情达理、更乐于协力合作。

赞美不能太浮夸。太浮夸的称赞会让人以为你在讥讽他们，这样的赞美不仅达不到"好听"的效果，还相当刺耳，让人厌烦。赞美尽量具体细致，深入细致的赞美让人觉得真实，如丝丝暖风，沁人心脾。

日常交往中经常可听到这样的赞美词："你这个人真好""你这篇文章写得真好"等。究竟好在哪些方面，好到什么程度，好的原因又何在，不得而知。这种赞美显得很空洞，别人以为你不过是在客气、在敷衍。

所以，赞美语应尽可能做到热诚具体、深入细致。比如赞扬一个人穿的衣服漂亮，你不妨说："这件衣服穿在你身上很合身，颜色鲜艳，人显得精神多了。"美国社会心理学家海伦·H.克林纳德认为，正确的赞美方法是把赞美的内容具体化，其中需要明确三个基本因素：你喜欢的具体行为或某一个点；这种行为或某个点给你的感觉；你对这种感受给你带来的影响。有了这三个基本因素，赞美才不至于笼统空泛，能使人产生深刻的印象。

人们有非常显著成绩的时候并不多见。因此，交往中应从具体的事件入手，善于发现别人哪怕是最微小的长处，并不失时机地予以赞美。赞美用语愈翔实具体，说明你对对方愈了解，对他的长处和成绩愈看重。让对方感到你的真挚、亲切和可信，你们之间的人际距离就会越来越近。如果你只是含糊其词地赞美对方，说一些"你工作得非常出色"或者"你是一位卓越的领导"等空泛浮夸的话语，只能引起对方的猜度，甚至产生不必要的误解和信任危机。

我们在日常交往中，如能注意观察，并对那些被我们忽略了的优点、美德及时加以赞扬，往往比赞扬那些人所共知的优点效果更好。如一位著名科学家、著名演员或著名作家，或在某些方面有较突出成就的普通人等，他们在各自的领域里都颇有建树，而对他们在各自领域里所取得的成绩的赞美声也就会不绝于耳。那么，我们不妨另辟蹊径，如赞扬他们和谐的家庭生活，他们漂亮的衣着打扮，他们亲切的微笑以及优秀的品格等，这样肯定会使他们喜悦倍增。

第二章
有些话必须及时间对方表达出来

感激的话,请及时说

> 及时谢谢是一种教养,它会赢得太阳;及时谢谢是一种风度,它会赢得月亮;及时谢谢是一种礼貌,它会赢得礼遇;及时谢谢是一种素质,它会赢得青睐。

一生中,最该多说的两个字是什么?是"谢谢"!

在一个雷雨交加的夜晚,当蒸汽渡轮"埃尔金淑号"撞上一艘满载木材的货轮并沉没之后,船上的393名乘客全部掉入冰冷的密歇根湖水之中……一个名叫史宾塞的年轻大学生奋勇跳入冰冷的湖水中,抢救溺水者。当他救出第17个人后,终因筋疲力尽而虚脱,再也无法站起来。从那以后,英雄在轮椅上度过了自己的余生。

多年后,在接受一家报纸的采访时,被问到那天晚上留给自己最难忘的是什么,他的回答让人感慨万千:"17个人中,一直到现在,都没有一个人回来向我说声'谢谢'。"

一个以自己的双腿甚至可能是生命为代价,从死神手中抢夺出

17条生命的勇者,他对自己的沉重付出没有遗憾,没有抱怨。救人活命之恩,他不图涌泉相报,他图的仅仅是那17个人中,哪怕只有一个回来,对他说一声"谢谢"。

一声"谢谢",在一个人心中有多么大的分量!

有一个老太太,健康地活了104岁,很多人都很惊奇。他们登门拜访这位百岁老人,问她有什么长寿秘诀。老人说:长寿秘诀只有两条,一是要幽默,二是要学会说"谢谢"。从25岁结婚起,她每天说得最多的两个字就是"谢谢"。她感谢她的丈夫,感谢她的父母,感谢儿女,感谢邻居,感谢大家给予她的关怀和体贴,感谢每一个祥和、温暖、快乐的日子。别人每对她说一句亲切的话语,每为她做一件平凡的小事,每送她一张问候的笑脸,她都忘不了说声"谢谢"。

这个老太太的一生是幸福的,因为她的心中充满着感谢。

感谢,简单的两个字,让人可以从中受益,感受到温暖,感受到关怀。所以,请大声说一声"谢谢"吧!

有位爱花的小姑娘,常常去花店买花,花店的老人永远用慈祥的口吻问候她。每次小姑娘都想对老人说:"您真好,我爱您!"但是话到嘴边又咽了回去,因为她想:"明天再告诉老人也不迟。"无数个明天之后,她又朝花店走去,发誓这一次一定要对老人倾诉感激之情。然而花店的门紧锁着,老人在前一天过世了。

我们应该及时地把感激、欣赏、赞美……直言不讳地告诉对方,即使对方是一位陌生人,因为我们不能等待明天,因为许多机会里不存在明天。

第二章
有些话必须及时向对方表达出来

有一个男孩爬到汽车底下，帮一个身穿名牌西服的男人拧紧了螺丝。他爬出来后用期待的眼神看着那男人，男人给小孩5块钱，小孩不要，男人又加了5块，小孩还是摇头。男人有些生气了："你嫌少？再嫌少这10块钱也不给你了。""不，我没有嫌少，我的老师说，帮人是不要报酬的。"

男人蒙了："那你怎么还不走？"

小孩说："我在等你说谢谢。"

即使对一个孩子，我们也要及时说谢谢。那个男人只知道给钱，却忘记说谢谢。在孩子眼里，谢谢比金钱更重要，金钱只肯定做事的价值，谢谢却像尊重的糖果甜在孩子的口里，像赞赏的阳光照在孩子的心头，像感激的雨露滋润孩子的心灵。孩子在乎的不是金钱，在乎的是尊重、赞赏、感激，我们千万不能忘记说谢谢。不仅如此，能否记得说谢谢是衡量一个人是否有教养的试金石。

一个大学生到一家公司应聘办公室文员的职位。经过笔试和面试，在他等待最后结果的时候，他却被告知回家等消息。第五天，他收到一封信，信是他求职的那家公司寄来的，信中委婉地拒绝了他的求职要求。收到这样的信无疑让人泄气，他也不想回信。但他反过来一想，给人家回一封信也是一种礼貌。于是，他就写了一封回信，感谢用人单位提供面试的机会。信寄出两天后，他接到了那家公司招聘负责人打来的电话，通知他有一个工作岗位，让他准备上班。后来才知道，公司的信是公司对应聘者考察的最后一关，共寄出了18封信，只有三个人写了回信，他是其中之一。

就这样，一封感谢信赢得了一次机会，赢得了一个岗位。如果这个大学生忘了回信说谢谢,没有及时感谢,这个岗位就会和他失之交臂。

为了自己,为了他人,**请**别忘了及时地说声"谢谢",这最平常不过的两个字,却能为自己,也为他人带来一份美好的心情。

第二章
有些话必须及时向对方表达出来

理解的话,请当场就说

> 如果说友情是一朵朵盛开的鲜花,那么可以说理解的话语是联结鲜花与鲜花之间柔软的纽带。当别人处于逆境时,纽带轻轻地拉扯着你,会给人心灵以莫大的安抚。

"理解万岁"的口号,一直广泛为人们所提倡。彼此理解,是朋友之间所真心希望的,并一直寻求的。对一个人作评价、下结论,就应该坚持全面、完整的原则,因为只有这样,作出的评价和结论才有概括性,才符合这个人的全部实际。

这个道理很简单,不必赘述。但对一个人要做全面、完整的评价,是非常困难的。这是因为人们的评价活动本身要受对被评价者的了解程度的影响。了解不多,可又必须有个评价,就只好凭印象了,现实中就是这样。所以人们不要总是奢望别人时时处处都对自己有个全面公正的评价。

理解是一门艺术,是对朋友的一种帮助。你只有真正理解了别人,别人才会真正理解你。人与人之间的相处贵在默契,但工作上的默契毕竟不同于生活中的,不是每一对工作拍档都适合继续发展。

Chris 是个美丽的女人,单看外表,最多只有 30 岁出头。"默契有时候,只是一个眼神,一句别人听上去漫不经心的话。" Chris 说,"我有上级,也有下级,可真正让人感到贴心的不多。Paul,算是一个贴心的吧。"

"老板总是对我恩威并施,我也知道他也有他的苦处。有一次,一个新来的员工和我闹别扭,我去找 Paul 抱怨,他拍拍我的肩膀说,他知道我也很累。当时我确实是有种心力交瘁的感觉,可是他一句理解的话就足够让我感动了。"

理解是沟通的桥梁,是人际交往中最理想的润滑剂,如果我们在劝说时注意多说一些理解的话语,就可以增强语言的亲和力,具有亲和力的语言是人们最容易接受的。

高女士让自己八岁的儿子到商店买了五斤苹果,回来一称发现只有四斤一两,便提着苹果怒气冲冲地来质问店主。尽管店主一再声称"我们诚信做生意,绝对没有缺斤短两的事情",但气昏了头的高女士不但不信,反而出言不逊,说了些"开黑心店、无商不奸"等伤人的话。要出门时,她竟然说:"你记着,谁也不会花钱买气受,全世界的商店都关门了,我也不来这里买东西了!"

店主心里真想骂她"泼妇、无赖",可是一想到"顾客就是上帝",马上就笑嘻嘻地说:"大姐啊,今天咋的啦?您常来买东西,气头上来找我,我怎么就没给您个面子,反倒惹您生这么大的气?将心比心,换了我遇到被坑挨宰的事也要生气的。不过,您是不是

第二章
有些话必须及时间对方表达出来

先调查调查，问问你儿子……"高女士听后，气消了一些，出了商店慢慢冷静下来，这才想起问儿子。原来儿子在买苹果回家的路上，遇到同学小胖，两人各吃了一个苹果。高女士不好意思起来，马上来到商店，一个劲儿地赔礼道歉。从此高女士和店主关系更融洽，成了商店的铁杆顾客。

这里，店主不仅彬彬有礼、骂不还口，而且还讲了一些理解的话语："惹您生这么大的气""换了我……也要生气"，做到了善解人意、将心比心，才让情绪激动的高女士接受了"消消气""问问儿子"的劝说，避免了业主与顾客之间一场交际的失败。理解的话语为买卖双方架起了沟通的桥梁。

要想真正理解他人，就得要有宽容心。宽容是人际关系的"黏合剂"和"润滑液"。宽容，我们给了别人一个机会，也就给了自己一个机会。若斤斤计较、寸土必争，不善于体谅他人，势必会影响和阻碍人际交往的顺利进行。

刘伟和谢华在大学里是"情敌"，关系一直有点疙疙瘩瘩；毕业后，两人进了同一家公司，谢华在市场拓展部，刘伟在行政办公室。尽管不在一个部门，但肚量不大的谢华人前人后还是说了刘伟不少坏话，什么刘伟在大学里风流成性、好斗逞能、打人闹事被学校处分之类子虚乌有的事，在谢华嘴里说得"有鼻子有眼的"，公司里很多不明真相的员工因此对刘伟都有点"另眼相待"。

一年后，刘伟调任市场部部长，成了谢华的上司。谢华想到自己平时对刘伟的造谣诽谤，担心刘伟会借机报复，为此心神不宁，惶惶不安。谁知刘伟不但没有对谢华进行打击报复，相反大会小会、人前人后经常夸他脑子活、点子多、能力强、干劲足，并放手让他去拓展业务。刘伟的宽容让谢华心服口服，工作积极性更加高涨，放弃了偏见和妒忌，主动帮刘伟出谋划策，成了他的得力助手。当初那些准备看他俩"好戏"的员工，也被刘伟的宽容大度所折服，大家齐心协力，整个市场部的工作搞得有声有色。

对与自己心存芥蒂的下属，刘伟不借机打压排挤，而是待之以宽，容之以量，励之以行，从而避免了一场两败俱伤的"窝里斗"，实现了"双赢"。

要想真正理解他人，还得要有同理心。所谓同理心，是指能够体会他人的情绪和想法，理解他人的立场和感受，并站在他人角度思考和处理问题的心态。拥有同理心的人，在交际中往往更容易获得他人的好感，赢得别人的尊重。

刘嘉和王路同为某公司设计员。刚进公司时，相互间竞争，由于一个客户的原因，两人产生了误会，虽同在一个办公室，但彼此关系却不融洽。

前几天，刘嘉接了个业务，为一对准备结婚的青年设计新房装修方案。熬了几个夜晚，刘嘉终于把装修方案设计好了。周一上午，客人前来看图样，他兴冲冲地把设计方案拿给他们看，谁知他还没有介绍完自己的设计意图，客人就说起了设计方案的不是，门厅玄关、客厅吊顶、卧室窗户如何如何，说得设计方案几乎一无是处。刘嘉没想到客人如此挑剔，一时面红耳赤，满脸窘态，不知如何是好。

见此情景，坐在一边的王路连忙走过去，拿起刘嘉的设计图对

第二章
有些话必须及时向对方表达出来

客人解释说:"门厅是住房的'第一张脸',方寸之地自有玄机。作为连接室外室内的一个过渡地带和缓冲空间,它既要有很好的使用功能,又要有较高的审美要求。所以你们不能只考虑美观而忽视实用……"针对客人的质疑,王路解释得很细心,刚才还面有愠色的一对新人听后连连点头。"当然,这只是设计初稿,你们有什么意见尽管提,刘设计师一定会为你们提供最好的设计方案。"王路见客人情绪缓和了许多,就说,"你们可以坐下来,充分地交换意见嘛!"

回过神来的刘嘉向王路投去了感激的目光……从那以后,两人前嫌冰释,成了一对工作上的好伙伴,生活中的好朋友。

平时关系不融洽的同事拿出的设计方案,遭到顾客非议和质疑时,王路并没有幸灾乐祸、落井下石,而是尽力维护同事的利益,出面解围,使事情出现了转机。王路积极主动地站在别人的立场,想他人之所想,急他人之所急,这种在交际中表现出的同理心,最终让他赢得了信任和友谊。

一个人是否能受到朋友的欢迎,与这个人能否理解他人有很密切的关系。懂得事事为他人着想,事事理解他人,谈吐风趣而不失儒雅的人,身上会散发出一种诱人的馨香,令周围与他相处的人如沐春风,被他善解人意的魅力所吸引,以能成为其好朋友而自豪,不管日后是否同道,心中的思念却会历久弥新,友情长存。

人与人之间的关系十分微妙,你要保存一段情谊,不能以为单靠嘴巴或一双手便如愿以偿。这皆因人的思想变化无常,以为彼此日夜共对,相拥相依便可保持热情,这是一厢情愿的想法。西方的心理学家一致认为,人最大的需求就是被人理解,一个善解人意的人，无论走到哪里，无论何时何地，都能结交到患难知己，人人会向他伸出友谊之手。

培根曾说："缺乏朋友的理解，乃是最纯粹最可怕的孤独，假如没有朋友，世界不过是一片荒漠。只要人人都多一点理解，世界将变得更加美好。"

朋友并不是庸俗的金钱附庸品，并不是权势下的奴隶。只有当一个人能发现他人身上闪现出别人需要的亮点时，别人才愿意与之为友，才愿意为他敞开心灵之门，才愿意付出他应得到的激情和赞美。

青年人涉世不深，往往体验较少，于是对于一个需要安慰的人常显得束手无策。当一个人受到挫折时，当一个人充满悔恨时，尤其需要朋友在此关键时刻拉他一把，在朋友的宽慰力量下增长力量。如果，这时你多说几句理解的话，那么你就必然会获得不绝的赞美。

第二章
有些话必须及时向对方表达出来

鼓励的话，要适时去说

> 鼓励不仅仅是奖赏和惩罚，它和一些行为的发生相联系，它有着促使某种行为重新出现的趋向。鼓励的话最好在适合的时候及时说出。

中国传统教育中对于管束孩子的名言很多："棍棒底下出孝子""严师出高徒""三天不打，上房揭瓦"……从古到今，中国家长对子女的教育都非常严格，仿佛对子女说一句赞扬、纵容的话就会害了孩子。但在今天，教育被越来越多地提倡人性化，所以常识教育应运而生，而且家长们也都看到了常识教育所带来的惊喜改变。

一位教师经常批评油画班的学生不完成作业，出于对训斥的反感，有个学生礼貌地建议老师，是否能以表扬完成作业的学生来取代批评没有完成作业的人？老师采纳了他的建议。果然，几个星期后，他不仅看到同学们认真完成作业，还看到了一个充满欢乐气氛的集体。

可见，赞扬对孩子们的行为有着不可估量的作用。哈佛大学藻类学专家B.F.斯金诺的实验也充分肯定了这一点：当动物的大脑接收到鼓励的刺激，大脑皮层优势兴奋中心调动起各个系统的"积极性"，潜在的力量能动地变成现实，行为发生了改变。他说："我最初认识到这一问题，是在夏威夷海洋生物公司大型水族馆工作的时候。1963年，我在那里是海豚教练员的负责人。训练马和狗，可以用传统的训练方法。但是，对那些水生动物，不能使用皮带和马笼头，'积极的鼓励法'是我们唯一的方法。"

他介绍说："我们通常采取'条件鼓励法'，运用条件反射原理，我们让一些原始的信号（如声音、光等）和一些基本的鼓励（给食物）联系起来，使这些信号在它们头脑中和鼓励的刺激建立稳固的联系，当信号一出现，鼓励的作用也同时出现了。海豚教练员们经常在喂食的时间吹口哨，口哨成了海豚的鼓励信号。在没有给食物的条件下，动物们听到口哨，同样能表演一个多小时的节目。"

在纽约的布朗克斯动物园，看守人准备打扫大猩猩的笼子，唤它出来，猩猩不肯。无奈，看守人摇动手中的香蕉，想吸引它出来。可是，大猩猩不是不予理睬，就是抢到香蕉跑回原处。一个教练员看到这种情况指出："这种摇动香蕉的鼓励方法，从前没有实施过，因此不能奏效。但是，运用'食物鼓励法'，无论什么时候，都能奏效。你应该把香蕉放在门前，让香蕉吸引猩猩自己走出来。"果然，大猩猩见到门前的香蕉，乖乖地走了出来。

同样，把"积极的鼓励法"应用到日常生活之中，也能收到立竿见影的效果。

第二章
有些话必须及时向对方表达出来

有个孩子不爱劳动,父母经常大声呵斥他,这不仅无济于事,家庭气氛也很紧张。后来父母改变了教育方式,注意观察他表现好的行为,如看到他帮助大人洗盘子的时候,就用赞许的口气鼓励他,果然,他开始热爱劳动了,家庭的气氛和睦多了。

一般来说,鼓励有两种形式,即肯定的和否定的。肯定的鼓励,出自对主体需要的满足,如给动物食物、抚爱、表扬等。否定的鼓励,适用于禁止的、需要回避的事情,如打它、对它皱眉头或者发出不愉快的声响。

只要发出肯定的鼓励信号,行为必然会得到改善。

假如你要某人打电话给你,他没有这样做,你不能鼓励他,因为这是没有出现的事情;当他打电话给你的时候,你高兴地发出鼓励的信号,他就会经常打电话给你的。如果,你冷淡地对待他,也许,他从此便不会再给你打电话了。

鼓励的力量是相对的,不是绝对的。鼓励是有条件的。下雨对鸭子是肯定的鼓励,对猫却是否定的鼓励;在你温饱的时候,食物并不是鼓励的因素,但是在训练动物的场所,这是各种鼓励法中最有效的方式。

在海洋上捕杀鲸鱼的人,就会采用许多种鼓励法,如用鱼诱惑,用抚摩、抓挠的方式,用引起群体的注意或者用玩具的方式等。动物们从没想到鼓励引起的行为是猎人们设下的陷阱。

鼓励是一种信息,通过传导的方式起作用。它准确地告诉对方,你喜欢、需要的是什么。在运动员和舞蹈演员的训练场上,教练的口令"对"或者"好"绝不是在训练结束后的更衣室内询问训练情况，事实上，它是意味着发出需要动作的一个信号。

观看足球赛和篮球赛时，我们经常被运动员受到喝彩和鼓励的激动人心的场面所打动。每当一个投篮得分或者精彩的险球之后，场下人群中爆发的雷鸣般的喝彩声，使运动员和群众感情交流融为一体，运动员们受到多么大的鼓舞啊！

鼓励要适时，不能过早也不能过晚。如果你说："噢，孩子，昨天晚上你的行为多么高尚啊！"他会回答："怎么，难道现在我有什么不高尚的行为吗？"或者在他还未考试前，你就说再接再厉，那估计他会心生疑惑，并且不知所措。当孩子们遇到挫折而灰心丧气的时候，长辈们应该经常鼓励他们对没有成功的事情进行尝试。当孩子们获得成功之后，更应该赞扬他们的能力，并鼓励他们更上一层楼。

第三章

多说才能战胜心理魔鬼

谦让的话，请主动说

> 人生活在世界上，相互之间的摩擦、误会、纠葛、恩怨总是在所难免，遇到这些事情，彼此之间主动说些谦让的话，生活就会豁然开朗，问题就能得到顺利解决。

我们经常看到这样的情景：在十字路口，大家争着抢着拥挤着要先通过马路，结果造成交通堵塞。如果彼此之间谦让一下，反而都会很顺利地通过。生活告诉我们，谦让不仅是一种美德，谦让者本人也会是最终的受益者。

在工作中，同事之间难免发生矛盾，抱着有则改之、无则加勉的态度互相谦让一下，不但能化解矛盾，使问题得到圆满解决，还能避免许多纷争，增进彼此的友谊。由于不必要的争执引起冲突，不但解决不了问题，还会把事情闹大，并可能因此受到法律的惩罚。

古希腊神话里，有一则"仇恨袋"的故事。

大力士赫格利斯所向披靡、无人能敌。有一天，他在狭窄的山

第三章
多说才能战胜心理魔鬼

路行走,突然被一只袋子绊了一个趔趄,险些摔倒。赫格利斯站稳后对袋子猛踢一脚,那个袋子不但纹丝不动,还气鼓鼓地膨胀起来。恼怒的赫格利斯找来一根木棒,朝布袋砸个不停,谁知袋子却越来越大,最后将整个山路都堵得严严实实。赫格利斯累得躺在地上气喘嘘嘘,气急败坏又无可奈何。

过了一会儿,走过来一位智者,见此情景困惑不解。赫格利斯懊丧地说:"这个东西太可怕了,存心跟我过不去,把我的路都堵死了。"智者淡淡一笑,平静地说:"朋友,它叫'仇恨袋'。当初,你不理会它,或者干脆绕开它,它就不会和你过不去,也不至于把你的路堵死……"

智者的话是生活中的一条规则,谦让也是在为自己,即使你遇上了"仇恨",你谦让一下,"仇恨"也会把路给你让开。与人方便,自己也方便,道理就这么简单。

中国素称礼仪之邦。礼作为一种具体的行为来讲,就是指人们在待人接物时的文明举止,也就是现在所说的礼貌。礼貌的形式是外在的,而礼貌的本质却是表示对别人的尊重和包容。这种心理需求,是超越时代的,是永存的。

春秋时期,孔子和他的学生们周游列国,宣传他们的政治主张。

一天,他们驾车去晋国。一个孩子在路当中堆碎石瓦片玩,挡住了他们的去路。孔子说:"你不该在路当中玩,挡住我们的车。"

孩子指着地上说:"老人家,您看这是什么?"孔子一看,是用碎石瓦片摆的一座城。孩子又说:"您说,应该是城给车让路还是车给城让路呢?"孔子被问住了。孔子觉得这孩子很懂礼貌,便问:"你叫什么？几岁啦？"孩子说："我叫项橐，7岁。"孔子对学生们说："项橐7岁懂礼，他可以做我的老师啊！"

孔子是当时卓越的大学问家，正是由于孔子对别人的尊重和包容，才使他可能谦虚到一个7岁的顽童都可以做他的老师。

恩格斯70岁生日来临了，许多同志和朋友前来祝寿，像雪片似的飞来的贺电和信件，使恩格斯十分不安。他表示："我主要是靠了马克思才获得信誉！"

他对来人诚恳地说："我远没有祝寿的情绪，而且这完全是不必要的热闹，我无论如何不能忍受。"

第二年，他71岁生日前夕，听说德意志工人共产主义教育协会歌咏团将在他生日晚上为他举行音乐会，就立即发出了信件，恳词劝阻。他在信中写道："我们尤其反对在生前为我们举行公开的庆祝活动。"

越包容就越能讲出谦让的话，而愈谦虚愈受到人们的敬重。73岁高龄的恩格斯到维也纳、柏林访问时，两个城市的群众的欢迎气氛之热烈是罕见的。恩格斯在维也纳的欢送大会上的演讲中说道："如果说我在参加运动的50年中确为运动做了一些事情，那么，我并不因此要求任何奖赏。我的最好的奖赏就是你们！"

谦虚是一切伟大灵魂共有的品质。在评价居里夫人的一生时，爱因斯坦十分激动又满怀尊敬地说："在居里夫人这样一位崇高人物结束她的一生时，我们不仅仅满足于回忆她的工作成果对人类做出的贡献。第一流人物对于时代和历史进程的意义，在道德方面，也许比单纯的才智成就还要大。即使是后者，它们取决于品格的程度，也远远超过通常所认为的那样。我对她人格的伟大越来越感到钦佩。她的坚强、她的意志纯洁、她的严于律己、她的客观、她的公正不阿，所有这一切都难得地集中在她一个人身上……一旦她认识到某一条道路是正确的，她就毫不妥协地并极其顽强地走下去。她一生中最伟大的科学功绩之所以能够取得，不仅仅靠大胆的直觉，而且靠着在难以想象的极端困难情况下工作的热忱。这样的困难，在科学的历史中是罕见的。居里夫人的品德力量和热忱，哪怕只有一小部分存在于欧洲的知识分子中间，欧洲就会面临一个光明的未来。"在近600字的演讲中，爱因斯坦只用了30多个字谈到居里夫人的科学成就，其他都用来赞扬她的人格力量。在各种高尚品德当中，谦虚是最为闪亮的一种。

居里夫人曾多次婉拒各方面邀她写自传的请求。她最讨厌对个人的宣传报道，对报刊过分关注科学家而不是科学本身，她表示完全不能理解。

人们对她说："写自传这件工作有重要的历史价值，而且对准备献身于科学事业的学生来说，肯定会起到很大的影响作用。"

最后，居里夫人终于同意写自传了。但是她说："我的生活都是一些很平凡、很单调的小事，哪能写出一本书来呢？"

谦虚谨慎的品格，能使一个人面对成功、荣誉时不骄傲，把它视为一种激励自己继续前进的力量，而不会陷在荣誉和成功的喜悦中不能自拔，沾沾自喜于一时之功，不再进取。居里夫人以她谦虚谨慎的品格和卓越的成就获得了世人的称赞，她对荣誉的特殊见解，使很多喜欢居功自傲、浅尝辄止的人汗颜。正因为她的高尚品格的影响,她的女儿和女婿也踏上了科学研究之路,并获得了诺贝尔奖,成为令人敬仰的两代人三次获诺贝尔奖的家庭。

　　因为包容,所以谦让;因为谦让,所以不争;因为不争,所以持久。

第三章
多说才能战胜心理魔鬼

消极的话，转为积极地说

> 一个人的心态是他成长的产物，人一生都在培养自己的心态，有的向积极思维方向发展，有的向消极思维方向发展。积极思维带来诸多优良品质，使人终身受益；消极思维则形成负性品质，危害人的一生。

良言一句三冬暖，恶语伤人六月寒。这是众所周知的道理。"恶语"是指那些侮辱贬损、攻击谩骂的消极话。其实，伤人的话不只是恶语。你没有骂人，但却经常从反面说话，那也照样会伤害别人。至少会使对方抵触反感，从而阻碍交流和沟通，影响人际关系。

那么，究竟什么是积极说话？什么是消极说话？为什么一定要积极说话，而不要消极说话呢？

美国成功学家皮尔"态度决定一切"的口号一经提出，就作为积极思维力量的一句最铿锵有力的表达而传遍欧美，传遍世界。他的著作《态度决定一切》，也在美国畅销书排行榜待了10年！他本人的事迹被拍成电影《一生》。

积极思维能够带来优良品质，如自信、乐观、正直、无私、慷慨、宽容、忠诚、勇敢、坚定、坚强、果断、进取、博爱、责任、信任、尊重、百折不挠等。

消极思维则容易形成负性品质，如自卑、悲观、吝啬、狭隘、虚伪、懦弱、欺瞒、自大、责怪、贪婪、犹豫、恐惧、抑郁、怨恨、恼怒、急燥、回避责任等。

显然积极思维给人生带来光明，消极思维把人生带进黑暗。林语堂说中国人太熟悉三个字了——不可能！消极思维的特征就是这三个字。积极思维的特征还是这三个字，只是在说这三个字时要停顿一下，不要一出口就全盘否定掉了，那就是——不，可能！

那么积极思维的人在说话方面具有什么特点呢？

积极思维，对于说话者来说，就是选择积极的词语。生活中时时选择使用积极性的字眼，能够振奋我们的情绪；反之，若是选择使用消极的字眼，就必然使我们自暴自弃，因此我们务必要重视使用积极的字眼。

马克·吐温说："恰当地用字极具威力，每当我们用对了字眼……我们的精神和肉体都会有很大的转变，就在电光石火之间。"当我们所说的话用对了字眼就能使人欢笑，治疗人的心病，带给人希望；若是用错了字眼就会使人哭泣，刺伤人的心，带给人失望。同样地，借着所用的"字眼"，可以让别人了解我们崇高的心志和由衷的愿望。

这做起来并不难，让自己拥有丰富的积极的词汇，那就有如手

第三章
多说才能战胜心理魔鬼

中握着一个可以调出多种颜色的调色盘，再通过自己用心地选择，便能调出迷人的色彩。

从肯定的、积极的、鼓励的、满意的、希望的和爱护的等方面说话，给人以良好的刺激；从否定的、消极的、贬斥的、不满的、嫌弃的和责怪的等方面去说话，则会给人带来无尽的伤害。

有一则印度寓言。有两个人各有一杯水，都喝了半杯，一个说："我已经喝掉了半杯。"另一个人说："我还有半杯没有喝。"虽说面对的和所拥有的都是同等的，可是这两种说法，前者透出一种无奈和苦涩，后者满怀希望，流露出一股安慰。

这里，前者就是消极地说话，后者则是积极地说话，像这样的例子现实生活中还有很多。

比如，一个人打保龄球，一下子打掉8个瓶子，还有2个没打倒。你作为此人的指导者该怎么说话呢？如果你着眼于还有2个瓶子没打倒，就会以不满意的口气和措辞说话。这就是反面说话，会使此人泄气、产生抵触情绪。如果你从肯定和鼓励的方面去说："好！打得不错，已经打掉了8个瓶子，继续努力会打掉更多的瓶子！"这就是正面说话，能使对方受到鼓舞，振作精神，把该做的事情做得更好。

为什么积极说话才会有好的效果呢？这是因为人际交流不仅是彼此交换信息，而且是在感情上的相互刺激影响。我们每个人都需要和喜欢良好的刺激，不需要也不喜欢不良的刺激。消极说话或轻或重、或多或少总是给人以不良的刺激，这就必然会激起对方或大或小的自我防卫心理，产生抵触反感的情绪，或明或暗地和你唱对台戏。

所以，唯有积极说话才能进行正常而有效的人际交流，消极说话只会阻碍交流，是有害无益的。下面我们再以谈生意为例来加以对照比较。甲乙双方在交货的时间上存在分歧，怎么谈呢？

消极说话："如果贵方不在时间上按我方要求办，那就别想达成协议！"

即使乙方很想达成协议，甲方如此说话，也会使对方抵触反感，从而一口咬定在时间上不可能按甲方的要求办，结果不欢而散。甲方如果能从正面说话，那就会争取成功，至少还有商量的余地，有可能获得成功。

积极说话："如果贵方能在时间上尽力提前几天，我们达成协议就没多大问题了，请多加关照，好吗？"

这样说话会促使对方通过逻辑推理，权衡利弊得失，进一步考虑你的要求，也就很可能改变局面，达成协议了。

假如双方在价格上存在异议，你可以比较选择哪一种说法有效。

消极说话："不行，你的开价过高了，你至少低一个百分点，我们才能打交道。要不然，我就去找别的公司了！"

积极说话："在开价问题上，咱们是不是再商量一下。你知道，我很愿意和你打交道。我们之间具有长久而良好的合作关系，我们双方都愿意把这种关系发展下去。现在这个价钱，我本人觉得还可以，但我们领导不太同意，因为他刚刚得到一个情报，说有家公司的开价，比你们的开价低一个百分点。我希望咱们还是合作下去，请你照顾一下我的难处，好吗？"

第三章
多说才能战胜心理魔鬼

显然，如果是消极说话，对方即使担心会后悔，由于情绪上的抵触反感，也会嘴硬起来，一口拒绝。积极和婉转地说话，能够争取感情上的沟通，让对方理智地思考，就容易把事情谈成。

某学院管理系邀请一位著名学者举办现代管理科学的系列讲座，因为该学者的讲座内容新颖，表达生动，踊跃来听讲的学生不仅有管理系的，而且还有其他系的同学。由于人数众多、座位有限，管理系的学生晚来一步的就没有座位了。为此，负责举办这次讲座的老师向大家发出一个通告：

"同学们，来听我们这次讲座的人很多，为了保证我们管理系的同学都有座位，请其他系的同学一律坐在第10排以后的座位上。谢谢大家的合作！"

这番话的意图无可非议，但这样说会使其他系的同学有一种"外人"的感觉，似乎不受欢迎。为什么不能换个角度，把话说得顺耳中听一些呢？比如这样说效果就比较好：

"同学们，来听这次讲座的人很多，不论是哪个系的同学，我们都很欢迎！但由于座位有限，为了让别的系的同学也都尽可能坐下，请管理系的同学一律坐在前10排以内！谢谢大家合作！"

同样的事情和意图，可以从这个角度说，也可以从那个角度讲。我们为什么不选取最佳的角度，力求最佳的效果呢？所以，我们一定要积极说话，而不要消极说话。

爱讲消极话的人，有时是过于理想化，用自己理想化的模式，去套生活中的现实，结果常常是事与愿违。还有的人是看问题过于狭隘偏颇，只考虑自己，不顾及其他，凡是不对自己脾气的，都一概予以否定。

另一种便是用"放大镜"甚至是"显微镜"看人,将别人微不足道的缺点放大。正如鲁迅先生曾经比喻的,一位老夫子用一枚放大镜去看美人那嫩白的胳膊,结果却看到了皮肤间的皱纹和皱纹间的污泥。试想,如果再用显微镜去观察,岂不就是骇人的细菌布满全身了吗!

老爱讲消极话的人,是很难与人友好交往的,即使他并没有直接说对方不好,但他那万事皆不如意的心态,让人很难同他找到舒心满意的共同语言。久而久之,人们还会觉得此人太爱刁难,难以相处,常常避而远之,偶有接触,也会是敷衍了事。总讲消极话,最终会成为难以与人相融的孤家寡人。

少说消极话的关键,是要有一个积极乐观的心态。生活中并不缺乏美,而是缺少发现美的眼睛。正如下面这个故事讲到的:

一位老太太有两个女儿,大女儿卖雨伞,小女儿卖冰棍。晴天雨伞卖不出去,老太太就埋怨老天为什么不下雨;雨天冰棍卖不动,老太太就抱怨为什么不赶快出太阳。后来有人开导她说,您有什么不高兴的呢?晴天你小女儿冰棍卖得火,雨天你大女儿雨伞卖得快,你天天都有高兴事,还有什么可埋怨的呢?老太太一想,果然,于是脸上便由阴转晴,心情也一下子好起来了。

同样,与人相处,也要热情大度,注意发现对方身上的闪光点。有时还需要用你身上的闪光点去照亮别人,让大家的心境都明亮开朗起来。这样,就会有更多的人愿意同你友好相处。

除了要注意避免说以上那些消极话之外,我们还要认识到有意见应当当着别人的面去说。我们知道中国有句古话叫"谁人背后不说人，谁人背后不被说"，这是很不好、很消极的思想，在日常的生活中要注意"闲谈莫论他人是非"。

有些人对别人的成功议论，对别人的失败也要议论，任何东西都是他们议论的对象，这样很不好。人在这个世界上的存在意义并不是被他人议论，而且议论大多数都是负面的、消极的，我们要尽量把这个陋习改掉。

在别人背后议论他人的好坏，是对人际关系危害最为严重的一种消极行为。同学、同事之间不要互相议论，若我们对某个人有意见就可以约个时间，或找个机会当面告诉他，指出你对他不满意的地方。这样对方不但不会生气还会因此感谢你，人际关系也会和谐融洽。

我们都知道背后议论他人的毛病，对人际关系极具破坏力。人际关系的好坏，对我们每个人的发展都有着极其重要的影响。所以要清楚地认识这个问题，避免它发生在自己身上。

激励的话，要多说

> 人们大都爱听一些拔高激励的话，因为这样的话顺耳顺心。多说激励的话，有助于说服的成功。必要时学会给人"戴高帽子"，说服会更有效果。

心理学家告诉我们，激发一个人行动的是动机，而动机的形成不外乎两方面：一是对现实事物与自己的关系以及对自身行动及其后果、意义的认识；二是对行动对象的一定的情绪或情感。在激励时尤须注意的是：

其一，激励的形式应多样。口头表扬、书面表扬，颁发小奖品乃至奖励旅游等都可以，总之，要不拘一格。

其二，激励应及时。激励的作用往往是瞬间的，员工有好的表现，应尽快嘉奖。假如都要等到年终表扬，那么，激励的效用将大大降低。

其三，激励应逐步强化。如果决定对员工激励，那么，激励的

第三章
多说才能战胜心理魔鬼

程度必须"到位"。

总之，激励永远是有效的。要使激励有效，并非难事，但由于某些管理者太"吝啬"或者是忽略了，以至激励逐渐失去了效应。说到底，人人都需要激励；如果没有激励，谁还会干他所不愿干或不想干的事？

在激励的多种形式之中，最有效、最便宜的就是口头激励。口头激励也有多种技巧，其中有一种叫拔高激励术。所谓拔高激励术是指用略高于被激励者能力范围的期望目标对激励对象进行激励。

请看下面这则故事。

一位中年顾客和戴维先生谈了15分钟后，向他订购了一个热水器、一个新式煤气灶、一台电子微波炉，并约定第二天8点取货。可是第二天，顾客却打电话说"不要了"。戴维先生既没有埋怨，也没有作罢。他驱车来到这个顾客家，微笑着问道："为什么呢？您昨天不是和我闲聊这些炊具的好处吗？"

"我太太说免了罢，要用热水可以在煤气灶上烧，旧煤气灶还可以用……""那么电子微波炉呢？""我太太说家里有电炉，何必再花那么多钱？"他还接着说，"我太太说准备省一些钱给我买一辆摩托车。"戴维先生突然打断他，问道："对了，您不是刚买了一套新楼房吗？""不错呀！"戴维继续问道："以先生的财力买一辆摩托车易如反掌，从前怎么不买呢？""我太太一直怕我骑摩托车有危险……""现在难道就不怕了吗？"说到这里两人都不禁哈哈大笑。戴维接着说："依您的财力和身份，我看买汽车才和您的身份相配啊！德国的'奔驰'、美国的'福特'、日本的'本田'……有了汽车，不但会提高您的身份，而且事业会取得更大的成功……您希望要大型的，还是小型的？"这位中年顾客支支吾吾地说："买汽车是我多年的愿望，就是不知道买哪种好，您是内行人，是否能帮我……"

戴维马上说："我也只是略知一二，不过我乐意效劳。但是新房子、新汽车和旧炉灶是不相配的啊！"

听了戴维先生的话，顾客不禁说："是啊，我们还要热水器、煤气灶，还有微波炉，请您马上给我送货，顺便也请几个人给我安装。"

"您要慎重，您太太的意思应该考虑考虑。"

"没关系，没关系，这事还是我说了算。其他就拜托您了……"

顾客要求退货，戴维热情而耐心地询问原因，从交谈中了解到，顾客并不是缺乏支付能力，而是受了太太的影响，要省钱买摩托，之所以至今没有买，是怕有危险。在了解了这些情况后，戴维明白了顾客的心理：买摩托是个借口。于是他就从头一天交谈中了解到的顾客的新楼房说起，建议顾客买汽车，因为有了汽车不但可以提高身份，而且事业会取得更大的成功，并且热心地向他推荐了几款名车。没想到，这种拔高激励术正好说中了顾客的心事。

顾客正想请人帮助参谋买车的事，戴维的话让顾客听得既顺耳又顺心，所以当戴维把新楼房、新汽车和新炉具联系在一起的时候，顾客觉得格外有道理，立即让戴维把新炉具送过来安装好。戴维的诚恳热情，再加上他恰到好处的拔高激励术，让顾客很快接受了劝告。

阿谀奉承、"拍马屁"历来为正人君子所不齿，但在人际交往中

第三章
多说才能战胜心理魔鬼

善意的"拔高激励术"却是大有用处的。学会"拔高激励术",说服更有效。

北宋时,苏轼因"乌台诗案"获罪,按宋朝的刑律是该问斩的。此时,王安石对宋神宗进谏说:"如今皇上圣明,天下大治,哪能在太平盛世之时去杀一个有名的才子呢!"宋神宗高兴地接受了王安石的劝谏,赦免了苏轼的死罪。

王安石的话讲得非常巧妙。他伴君时间长,对年轻气盛的神宗揣摩得很透彻,对于皇帝来说,恭维他"圣明",把天下治理成"太平盛世",这简直就是给他送稀世珍宝,让他兴奋异常。高帽子一戴,皇上"龙颜大悦",你说什么事还不好办呢?大家知道,苏轼曾因反对王安石的改革而得罪过王安石,但"宰相肚里能撑船",王安石毕竟爱才,真心想救苏轼;不然的话,他来一句"苏轼是天下奇才,哪能枉杀呢",明里是营救,暗里是落井下石。皇上听到"枉杀"两字,不杀苏轼才怪呢。由此,我们今天仍不得不叹服王安石的"君子风度",叹服他高超的说服技巧!

其实,人们都渴望得到别人的恭维和赞美,这种人之常情从古到今没有改变。于是,戴高帽至今仍然是劝说成功的一大妙招。

华南师大生物系本科毕业生小杜到某公司应聘。面试结束时,人事部经理对她说:"你回答得不错,遗憾的是我们优先选用研究生,本科生我们一般是不考虑的,你请回吧。"

小杜依依不舍地环顾四周,动情地说:"谢谢各位老师给我这次面试的机会!我非常非常想加盟贵公司,你们的开拓创新精神太令我震撼了,以50万元资金注册,仅3年打拼,就跃升至2亿多元资产，新产品已进入国际市场，前途无量。我无缘参与贵公司的创新事业，十分遗憾！我衷心祝愿贵公司在创新路上如天马行空，一往无前！再见！"

第二天，小杜接到该公司的电话：她被录用了！原来该公司的吴总听了她最后的告别语，非常赏识，拍板破格录用了她。小杜抓住该公司最辉煌的业绩——3年里由50万元跃升至2亿多元资产，抓住了该公司最宝贵的精神——开拓创新，大加赞美，羡慕之情、献身之意溢于言表，感动了公司领导。巧戴高帽，竟然让小杜挽狂澜于既倒，应聘成功。

"戴高帽"与"拍马屁"一褒一贬，形式相似而本质迥异。后者是恶意的，是怀着不可告人的目的去曲意逢迎；而前者是善意的，是怀着善良之心去劝说，所讲的话虽然有所夸张，但基本上是实话。朋友们，在人际交往中，高帽戴得巧妙恰当，你的劝说便马到成功了。

第三章
多说才能战胜心理魔鬼

请求之语，请用敬辞说

> 使用敬辞可以改变人的性格、提升人的品位，能使原本生性冷漠、心胸狭窄的人变得待人亲切、宽容、大度。

生活中我们经常遇到这样的情形，同样一件事，同样身份的人，甲去请人办理顺顺利利，事情也办得妥妥当当，乙去请人办理则困难重重，事情也搞得一塌糊涂。为什么这样呢？有人说这是人的因素；有人说这是办事技巧问题。

其实，这两种因素都不能排除，请人办事是社交中非常重要的一环，它反映了一个人的综合素质，包含了许多做人做事的艺术，其中有很多讲究，但最关键的就是要"请"字当先。

小刘小的时候，在父亲的杂货铺里帮忙。在那儿工作的几乎都是成年人，父亲希望儿子能从他们身上学一些有用的东西。

杂货铺里原有一个不怎么受欢迎的人，伙计们背地里都叫他"堕落的家伙"。大家都知道，从道德上来讲，他绝对不是一个值得尊敬的人。小刘对这个人的人品也有所耳闻,所以和其他孩子一样,对他很不尊重。孩子们都称其他男性为"某某先生",而对于这个人,他们却只愿意直呼其名。

小刘的父亲有一天无意间听到了儿子与那个人的对话,于是便把儿子叫到办公室。

"儿子,"父亲说,"我曾经告诉过你,跟长辈说话一定要恭敬。但刚才我听见你在大声叫长辈的名字。"

小刘说:"'先生'一词只能留给那些值得尊敬的人,而那个家伙他不配!"

"他配不配是他的事情,而你这样对待他是你的问题,现在失礼的是你,年轻人!"父亲紧接着说,"对一个人有看法不是你失礼的借口!"

无论对什么人,都要使用敬辞,别人的堕落不是你省略敬辞的借口,其他人的不尊重也不是你不尊重的理由。使用敬辞,是一种有教养的表现。当你省略敬辞时,也降低了你的品位,甚至也会堕落成被鄙视的人。

如果你经常无意识地省略了敬辞,小则会被人耻笑,大则别人会说你没品位、没教养。特别是当你有求于别人时,带有敬辞的话就是你能够得到别人答应的敲门砖。

一句充满人情味的带有敬辞的话,比通盘大道理更有说服力,因为人还是比较重情义的。生活中常常可以看到,以适应对方的心理需求而提出诚恳的请求,往往是成功的说服方法。

请求别人办事,无论大事还是小事,都要注重一个"请"字,

第三章
多说才能战胜心理魔鬼

不要认为是别人"理所当然"的事。如果对人开口称"喂"，闭口称"喂"，那非碰壁不可。另外，对别人的帮助表示感谢应该说得真诚。如你请朋友帮忙找到了一本早想要的书，你可以这样说："谢谢了，没有你的帮助，我恐怕不能这么快就看到它。"如果请求别人对疑难问题指点迷津，应说："请教您一个问题，可以吗？"你不知道去市体育中心的路，应向路人问："请问到市体育中心的路怎么走？"在商店买东西，你应对服务小姐说："请把那个文具盒给我看看。"风从窗口吹进来，你对坐在窗户边的人说："请关一下窗，好吗？"凡有请求必须带敬辞，这样对方容易接受。

请求别人，还要端正态度，注意除了语气上诚恳，相关的敬辞不能少。请求别人虽无须低声下气，但也绝不能高人一等，非得别人答应不可，而应当语气诚恳，平等对待，加上必要的敬辞。比如："劳驾，让我过一下，行吗？""对不起，请别抽烟，好吗？""请问，什么时候有空请跟我打场球？"

同时，还要体谅对方的心理，用打动对方心理的敬辞："真不好意思！我知道这事对您来说不好办，但我实在没有办法，只好难为您了。"

当有客观原因，对方不能答应请求时，你不要抱怨、愤怒甚至是恶语相加，你还得有礼貌地用上相应的敬辞："谢谢你！""没关系，我再找找别人。""没事，你忙你的吧。"这样对方在以后有条件帮忙时肯定会鼎力相助。如果你不能体谅对方，对对方施以抱怨，这等于堵死了再次向对方提出请求的通道。

友好的话，要创造机会说

> 冤家宜解不宜结。没有人故意跟谁过不去，所以，只要我们主动表示友好，露出诚恳之态，别人也一定不会拒你于千里之外。

同在一家公司工作，同事之间低头不见抬头见，产生矛盾和摩擦在所难免。中国有句老话：冤家宜解不宜结。在办公室里最好还是不要与同事结怨。敌意是一点一点增加的，也可以一点一点削减。不过，化解敌意是需要一定技巧的。

与你合作关系最密切的同事，心底对你十分不满，他不仅冷漠得吓人，有时甚至你跟他说话，他也不理不睬。有些关心你的同事，曾私下探问过为什么你的拍档对你如此不满。可是，你究竟在什么时候得罪了对方，连你自己也没有一点头绪。

你实在按捺不住了，索性问对方："究竟有什么不对呢？"但对方只冷冷地回答："没有什么不妥。"到了这个地步，如何是好？

第三章
多说才能战胜心理魔鬼

既然他说没有不妥，你就可以乘机说："真高兴你亲口告诉我没事，因为万一我有不对的地方，我乐意修补。我很珍惜我俩的合作关系。一起去吃午饭，如何？"这样，就可逼他面对现实而表态。要是一切如他所言的没事，共进午餐是很礼貌的行为。

当然，你也可以邀他一起喝下午茶。或者，在离开办公室时，可以开心地跟他天南地北聊一番。

总之，尽量增加与他联络感情的机会。总有一天你们会握手言和的。友好的行为，对方是怎样也拒绝不了的。

你另有高就，准备辞职，如果你心想："那几个平日视你的痛苦为快乐的同事，一定很开心，如果趁这时自己地位超然，向老板告他们一状，就太好了！"奉劝你三思而行。如今的世界很小，今天被你捉弄的同事，他日也可能成为你新公司的职员，你将如何面对？这岂非陷自己于危险境地？要是对方的职位比你更高就更不妙，所以何必自制绊脚石？另外，所有上司都不会喜欢乱打小报告的下属。试问终日忙于侦察人家的缺点，还有多少时间花在工作上呢？

团结就是力量，所以千万别在公司里搞小圈子，应当把同事都视为好朋友，凡事以和为贵，即使有人故意作对，处处为难你，你也必须耐着性子，不可意气用事。因为同事间的争执只会令工作效率下降，站在上司的立场，他是不会关心谁是谁非的，总之不合作就是你的错。一般人总爱听赞美话，聪明的你就不妨大方一点，多赞美别人吧！

"这个意见不错，应当这样做吧！""真棒，你给我提供了一个好办法！"这样，下一次他会更努力地帮助你。赞美别人之余，要注意自己的表现，处处出风头，或者说话过于直率，容易使人觉得你自大而排挤你。所以永远小心"舌头"，同时要与同事们站成一线。

人是感情的动物，在愉快的气氛下工作可收到事半功倍之效。不妨多关心别人、体贴别人，增加亲切感，做起事来就更顺利。从今天起，努力做个受欢迎的同事吧！成功的你，将来获升迁的机会也会大增。

笑容是最犀利的武器。当你托同事把文件做妥，说声"麻烦你"，加一个笑容，他会被你的友善感染而更加努力；或者同事把做好的计划书交给你，别忘记微笑一下并说声谢谢，这不但是礼貌，亦是感谢的表示。任何人都喜欢得到赞美，说一些别人爱听的话，只要不是谎话，便不算埋没良心。切莫对同事大叫大嚷，这不但不礼貌、不友善，还表明你缺乏信心。即使你遇上难解的死结，情绪低落极了，也需要微笑，抛开烦恼，跟同事们谈笑，或许可以借此把恶劣的心情冲淡，使精神集中于工作。

如果你做错了事，且影响到别人，要赶快道歉。勇于认错的人并不多，这样做自然可以给对方留下深刻印象。还有，处处设身处地地去感受他人的心态，再给予支持，没有人会不喜欢你的。工作上不如意不要跟同事大吵大闹，这无形中会对你的专业形象和信心产生坏影响，因为这极易暴露你控制人事问题欠成熟的弱点。

第四章

直截了当地说话，很容易伤到别人

露骨的话，要含蓄地说

> 含蓄是一种善，是一种修养、一种韵味。一个没有人情味的人，一个缺乏修养的人，是很难含蓄的。含蓄是一种更高的人生态度，它表达的是动态的成熟的人生观。

有些时候，说话太露骨，就显得没有人情味了，尤其是心中十分不想伤害对方时，不想破坏曾经美好的感情或友情时，就可以将要说的话变得含蓄一点。那样既体现了说话者的善意与真诚，也能真正起到劝阻他人的目的，从而达到既不伤和气，又留有余地的两全其美的目的。

为什么一定要含蓄？

中国文化的精髓就是中庸，就是不太过分，不走极端，这是考虑到人的可变性，人性的可塑性。此时，你的话说绝了，不留余地，到彼时，就可能会出现尴尬的局面。因此，含蓄是中庸文化的经典表现，它是有人情味的表现，也是真实反映动态社会的智见。

第四章
直截了当地说话，很容易伤到别人

比方说，你有几个朋友关系特好，但其中有一个最近出了点错，他本人又特别爱面子，此时，你就只能含蓄地劝诫他。若说得太露骨，一方面你会觉得难以启齿，另一方面也会造成别人的反感。

中国艺术中有一种美叫朦胧美，这种美给人回味无穷，叫人遐想万千。

谁都会变，三十年河东，三十年河西。今天你若太露骨，太伤人，明天，一旦身份反过来，他很有可能会将那个伤痛奉还给你。

含蓄是一种最高明的艺术。不仅能当场避免尴尬，而且，看上去似乎什么也没有说，但却能收到什么都说了的效果。无论说别人什么话，点到为止，不要太露骨，否则，就易伤对方面子，就不易达成认同。

有一位领导在开完部门裁员会议后回家，到家不久，就有一位他多年的老部下想去提前探听领导们内部裁员的消息。

领导一边倒茶，一边示坐，一边低声说笑道："你能保证不说出去吗？"

那人笑道："当然保证，绝不说出去。"

领导站起身来，微笑着说："我也保证不说出去。"

那位手下自然知趣地转移了话题。

这样说话既可以避免直接回绝，给那位部下带来尴尬，又保守了会议的秘密，消除了可能带来的不安定因素。

像这样的例子不胜枚举，有些人就是因为说话太露骨，错失了人生发展的良机。

搞策划的小叶偶然认识了居住在北京香山的一位老先生，70多岁了，居然还住在一月租金 300 元的出租屋里。小叶与老先生交流后知道他几十年来都想推广他的一套太极养生舞，了解其内容后小叶十分赞赏，认为是好东西，应该推广。

于是，小叶想包装推广他的舞蹈。在正式推广前，小叶想检验一下他的东西能否真实有用，就带老先生去了一趟长沙。10 天后回来，老先生就觉得自己十分了不起。小叶知道他几十年不得志，压在心中的力量又抬头了，因为他在指导一位亿万富翁的病人练习养生舞时，得到了夸奖，尽管只是礼节性的夸奖。

回来后，小叶因公司的事耽误了几天。再与老先生见面时，他可神气了，对小叶说："小叶，你没我，你肯定一生毫无作为。但我没你，我马上就会开创一个全新的时代。"

小叶听了这话很伤心，觉得这老人怎么如此不通人情世故，说话太没口德。小叶想，就算他能理解这种人，但在以后与客人服务中他若也用这种口气对待别人，那岂不十分麻烦。思前想后，小叶决定不跟他合作。但小叶并没有像这位老人一样说话如此露骨，而是用手机给他发了一条短信。短信是这样写的："你有一颗伟大的雄心，却有一张令人难以理解的嘴巴。我真的感到十分遗憾，但愿以后有缘再见。"

做事要高调，做人要低调。在我们身边，很多心直口快的人说了许多不应该说的话，说了许多往往过头的话，而得罪了一些人。"直"虽有"直"的好处，但也要注意场合，不要伤人。

因为直率与草率有点接近。同样的话，我们只要换一种口气，换一种态度，自然就会产生截然不同的效果。

第四章
直截了当地说话，很容易伤到别人

含蓄法是说话时的一种"缓冲"方法。含蓄能使本来也许是困难的交往，变得顺利起来，能让听者在比较舒坦的氛围中接受你的信息。因此，有人称"含蓄"是办事语言中的"软化"艺术。

在日常交际中，总会有一些人们不便、不忍或者语境不允许直说的话题，需要把"词锋"隐遁，或把"棱角"磨圆一些，使语意软化，便于听者接受。说话人故意说些与本意相关或相似的事物，来烘托本来要直说的意思。

巧用语气助词，把"你这样做不好"改成"你这样做不好吧"；也可灵活使用否定词，把"我认为你不对"改成"我不认为你是对的"，还可以用和缓的推托；把"我不同意"改成"目前恐怕很难办到"。这些，都能起到"软化"效果。具体地说，有人将含蓄法总结出了以下几种形式。

一是讳饰式含蓄法。讳饰式含蓄法，是用含蓄的词语表示不便直说或使人感到难堪的方法。

有时，即使动机好，如果语言不加讳饰，也容易招人反感。如售票员见一孕妇上车便说："请哪位同志给这位'大肚皮'让个座位！"尽管有人让出了座位，但孕妇却没有坐，"大肚皮"这一称呼，使她难堪。如果这句话换成："请哪位热心人，给这位'有喜'的大姐让个座位！"当有人让出座位时，这位孕妇就会表示对售票员的感谢，并愉快地坐下。

二是借用式含蓄法。借用式含蓄法，是借用一事物或其他事物的特征来代替对事物实质问题直接回答的方法。

在纽约国际笔会第 48 届年会上，有人问中国代表陆文夫："陆先生，您对性文学怎么看？"陆文夫说："西方朋友接受一盒礼品时，往往当着别人的面就打开来看。而中国人恰恰相反，一般都要等客人离开以后才打开盒子。"

陆文夫用一个生动的借喻，对一个敏感棘手的难题，婉转地表明了自己的观点——中西不同的文化差异也体现在文学作品的民族性上。这实际上是对问者的一种含蓄的拒绝，其效果是使问话者不至于尴尬难堪，使交往继续进行。

三是曲语式含蓄法。曲语式含蓄法，是用曲折含蓄的语言和商洽的语气表达自己看法的方法。

《人到中年》的作者谌容访美在某大学做演讲时，有人问："听说您至今还不是中共党员，请问您对中国共产党的私人感情如何？"谌容说："你的情报很准确，我确实还不是中国共产党员。但是我的丈夫是个老共产党员，而我同他共同生活了几十年尚无离婚的迹象，可见……"

谌容先不直言以告，而是以"能与老共产党员的丈夫和睦生活几十年"来间接表达自己与中国共产党的深厚感情。有时，曲语式含蓄法比直接表达更有力，这种曲语式的含蓄用语，真是利舌胜利剑。

把话说得让人爱听，说起来很简单，就是在恰当的时机，对恰当的人，说出最恰当、最顺耳的话。但是，要真正达到这一效果和境界，其实很不简单。

不懂含蓄说话的人总是说话直来直去，不仅会伤人自尊，也会伤及自己。而把话说得顺耳的人往往习惯于含蓄表达，如同春风般

第四章
直截了当地说话，很容易伤到别人

的温存。温言几句既让人喜欢，也能让自己快乐。总之，含蓄话能让听者如沐春风。

有位医生给人看病，遇到病情较严重而又诊治不及时的病人，就直言道："你怎么这么瘦哇！脸色也很难看！""你知道你的病已经到什么地步了吗？""哎呀！你是怎么搞的？你这个病为什么不早点来看！"这些说法里所包含的消极作用会让病人怎么想呢？作为医生这是"治病"还是"致病"呢？相反，如果换一种方式说："幸好你及时来看病，只要你按时吃药，多注意休息，放下思想包袱，相信你很快就会好起来的。"这将会给病人很大的鼓舞。

当妻子买了一件衣服征求丈夫的意见，丈夫觉得妻子穿这件衣服不太合适时，如果丈夫不尊重体贴妻子的心情，就会直接地批评说："你看你的审美观真成问题，一把年纪了还穿这么鲜艳的衣服，岂不成老妖婆了？"这样生硬、贬损的话，必定会伤害妻子的自尊心。如果丈夫尊重体谅妻子的心情，就会把否定的意见说得含蓄得体，给予暗示："不错，颜色真鲜艳，给女儿穿，那是很漂亮的。"

当你去拜访朋友，主人热情地拿出水果、零食招待你，而你却直言说："不吃，不吃，我从来就不喜欢吃零食。再说我刚吃完饭，肚子饱得很，哪还有胃口吃这些东西？"这样不仅让人扫兴，而且还伤了主人的自尊心。你应该体谅到主人的一片热情和好意，含蓄地说："谢谢，谢谢！多新鲜的水果，多香的糖，只可惜我刚吃完饭，没有胃口吃了，太遗憾了！"

可见，含蓄说话不仅是一种策略，也是一门做人的艺术。含蓄是说话达到有效目的的一个必要条件，也是待人圆融的表现。作为一个现代人，应当有这种文明意识，掌握这一有利于人际交流的语言表达方式是很有必要的。

平时，我们在劝说他人时，有时要涉及一些不便于直截了当地说出来的事情，这时，使用委婉的话语，既把事情表达清楚，又维护了对方的隐私和自尊，避免了彼此的尴尬。这样，能显示说话人的涵养，增强语言的感染力，赢得人们的尊重，从而维持彼此的关系，以利于以后的沟通。

小刘刚买了一部时兴的MP3，放在办公桌上竟不翼而飞。一个朋友悄悄对小刘讲，他发现是同事小吴拿去了，东西还藏在办公桌抽屉里，没有转移。

如何劝说对方还给自己呢？小刘想出了一个好办法。他当着办公室许多同事的面，很随便地对她说："喂，小吴，借我的MP3啥时还我呀？别老让它躺在抽屉里睡大觉哟！"小吴听了这话，尴尬地连连点头，笑笑说："不好意思，不好意思……你不提醒，我还真忘了呢！"当即打开抽屉归还了这部MP3。以后，两人关系正常，同事们相安无事。

如果小刘直接点明真相，要求对方交出来，她不愿背一个"偷"的坏名声，多半会矢口否认；即使迫不得已交出来，也会闹个不欢而散，伤害了一个女士的自尊心，甚至影响了大家对她的看法，以后同事间就不好相处了。一部MP3，小事一桩，不宜小题大做。小刘不说"拿"，更不说"偷"，而说"借"，用含蓄的话语说出自己的意思，让她体面地下台，甚至还可以让她心存感激而有所自省呢。

纠错的话，要留面子说

> 纠错是帮助别人改正错误的一种方法，但纠错最忌讳让他人无地自容，下不了台阶。否则，不但无法达到让他人改正错误的目的，而且有碍于你的人际关系。

俗话说："人活脸，树活皮。"此话道出了人性的一大特点：爱面子。保全他人的面子，这是一个何等重要的问题，而我们却很少会顾及这个问题。

我们不能只爱自己的面子，而不给他人面子。每个人都有一道最后的心理防线，一旦我们不给他人退路不让他下台阶，他只好使出最后一招——自卫，也不会给你面子。因此，当我们遇事待人时，应谨记一条原则：别让人下不了台阶。

相互尊重是谈话顾及面子的第一要素。

谈话表面上是话语交流，其实是一种心灵的沟通，能不能由此及彼、由表及里、由浅入深，最终抵达心灵深处，首先取决于谈话者的态度。若相互尊重，平等交流，态度和善，谈话就能"升级""深入"，就可进入"推心置腹、无话不谈"的境界。若一方居高临下，颐指气使，不尊重对方，或双方互不尊重，就会言不由衷，话不投机，会失了双方的面子。

银行储蓄员小伟的爷爷腰腿痛又犯了，孝顺的小伟每天下班后就陪他去做理疗按摩。按摩师姓周，是个盲人，性格内向、不善言辞，但"手上的功夫"特好，店里生意很红火。小伟人年轻，说话礼貌、热情。

别人对按摩师以"师傅"相称，小伟人前人后总是亲热地叫"周伯伯"，并主动地帮他招呼客人，热情地送茶水、递毛巾，还不时地与他拉家常，说说外面发生的新鲜事……周师傅十分感动，在小伟爷爷面前经常夸赞他："你孙子真是个好伢子！有孝心，又热心。我这个盲人活了40来年，除自家亲戚外，还从来没有听到哪个后生伢子喊过'伯伯'呢！"

受小伟的热情感染，平时言语不多的周师傅显得特别健谈，与爷孙俩聊得十分热乎，什么酸甜苦辣都愿意说给他们听。得知小伟刚到银行上班，正在为完不成储蓄任务而发愁时，周师傅主动提出在银行开户，并把自己存在别家银行的30万元定期存款划了过来，还为小伟介绍了许多客户。

谈话是一种平等交流，信任是基础，尊重是前提。在谈话中，双方能不能充分遵循平等原则，拉近彼此的心理距离，直接决定谈话的效果。上例中小伟并不因为按摩师是盲人而心存歧视，相反视之为自己的长辈亲人，对他礼遇有加：尊称对方为"伯伯"，亲切；

第四章
直截了当地说话，很容易伤到别人

主动出手相助，热情；与之聊天说话，真诚。正是这种对人尊重的态度，使他也赢得了别人的尊重，不但与人交谈甚欢，取得了别人的信任，而且也因此得到了别人的帮助。

我们在说服别人时，常常会犯这样一个错误，就是当发现对方有明显的错误时，会毫不客气地批评对方说："那是错的，任何人都会认为那是错的！"这样一来，对方的自尊心就会受到伤害，而突然陷入沉默，或挑剔你的言辞来拒绝你。

一天下午，查理·布夏经过他的一家钢铁厂，撞见几个雇员正在抽烟，而他们的头顶上正挂着"请勿吸烟"的牌子。那么，夏布先生是如何处理此事的呢？他并没有指着牌子说："你们难道不识字吗？"而只是走过去，递给每人一支烟，然后说道："老兄，如果你们到外边抽，我会很感谢你们。"员工当然知道自己破坏了规定，但是夏布先生不但没说什么，反而给了每个人一样小礼物，谁能不敬重这样的老板呢？

因此，为了不触犯对方的自尊心，即使发现了对方的错误，也不要立刻指出，而应采取间接的方式进行说服。

约翰找了一个长相普通的女士为妻，可是几个月之后，他妻子却变得像窈窕淑女一般美丽，简直是判若两人。原来这位女士在结婚之前，不知为什么对自己的容貌有强烈的自卑感，因此很少打扮。当时因为是战争刚结束，物资极度贫乏，人们的穿着都很普通。当然，她也太不讲究了。不，不是不讲究，而是认识出现了偏差，认定自己不适合打扮。她有一个非常漂亮的姐姐，这也使她产生了强烈的自卑感。每当有人建议她"你的发型应该……"时，她都怒气冲冲地说："不用你管，反正我怎么打扮也不如姐姐漂亮。"

到底约翰是怎样说服她的太太，使她发生了变化的呢？根据他自己说，当他的太太穿不适合她的衣服时，他什么也不说。但是，当她穿上合适的衣服时，他便夸奖说"真漂亮"。发型、饰物也是如此。慢慢地，她对打扮有了信心，对于容貌所产生的自卑感自然也消除得无影无踪了。

以上例子，都说明了纠错是一定要给对方留足面子，否则就会伤及他人。

纠错时，不能先入为主，对人抱有成见。所谓成见，就是定型的看法，就是先入为主的执着，即使是错误的，也不肯更改。一件事情，往好处去看，倒也罢了；往坏处想，把好的事情用成见定为坏事，把犯错的好人用成见定为坏人，则是不应该的。

成见好像茶杯里有了毒素、杂质，即使倒入再清净的水，也不能饮用；成见好像田地里的荆棘、杂草，即使播撒再好的种子，也不容易成长。对别人抱有成见的人，自己不肯承认，不肯更改，更不肯放弃。

有些人喜欢戴着有色眼镜看人看事，因此看不到真相，看不清事实。有先入为主的看法，哪怕是错误的，只要能改，也不可怕；如果一再固执成见，成为执着之病，那么有见解倒不如无见解。放弃成见，凡事用客观的态度看待，不必预设立场。"是"，就还给它一个"是"的本来面目；"非"，就还给它一个"非"的真相。唯有消除成见，去除执着，才能认清真相，拥有真心。

纠错时，切不可没完没了。

第四章
直截了当地说话，很容易伤到别人

在我们的沟通中，往往会发现别人身上的缺点和过错，所谓"当局者迷，旁观者清"。自己的反思再深刻，也可能不如旁观者看得透彻。所以，当我们发现别人的过失时，应该及时予以指正和纠错，这是很有必要的。

但心理学研究表明，一种纠错如果反复进行，就会失去作用。有的人在纠错他人时，总以为自己占了理，纠个没完没了。其实这是低下的纠错方法。有经验的人在给别人纠错时，总是适可而止。纠错时，每次只可提及一两点，切勿万箭齐发，让人难以招架，否则会使对方难堪。纠错的话不宜反反复复，一经点明，对方已经听明白并表示考虑或有诚意接受，就不必再说下去了。如果只图嘴巴快活，说个没完，就可能得到相反的效果。

纠错时，切忌用讽刺、挖苦的言辞，比如"就你了不起""你不就是……"，因为这是一种轻视他人的态度，也是缺乏修养、没有沟通风度的表现。有经验的沟通者，在纠错时，会采用各种技巧提事实、讲道理，循循善诱，但不会用讽刺、挖苦的言辞和粗话等有辱对方人格。

交锋的话,找一个台阶说

> 人们都有一时冲动、做错事、说错话、得罪人的时候,如果你以牙还牙只会使事态变得更严重。说话委婉,替别人找个台阶,会使对方心悦诚服,交锋甚至不会发生。

在谈话中,对方坚定地表达了一个观点,你不同意,要改变他的观点时,首先要顾全他的自尊心。

谈话精明者知道怎样给人面子,使对方不至于下不了台。

你为了给对方铺台阶,可以假定双方在一开始时没有掌握全部事实。你可以这样说:"当然,我完全理解你为什么会这样设想,因为你那时不知道那回事。""在这种情况下,任何人都会这样做的。""最初,我也是这样想的。但后来当我了解到全部情况时,我就知道自己错了。"

一位顾客到百货公司要求退换一件外衣。她已经把衣服带回家并且穿过了,只是她丈夫不喜欢。她向售货员保证"绝没穿过",要

第四章
直截了当地说话，很容易伤到别人

求退换。

售货员检查了外衣，发现有明显干洗过的痕迹。但是，直截了当地向顾客说明这一点，顾客是绝不会轻易承认的，因为她已经说过"绝没穿过"，而且已经精心伪装过了穿过的痕迹。这样，双方可能会发生争执。于是，机敏的售货员说："我很想知道是否你们家的某位成员把这件衣服错送到干洗店去了。我记得不久前我也发生过一件同样的事情，我把一件刚买的衣服和其他衣服一起堆放在沙发上，结果我丈夫没注意，把这件新衣服和一大堆脏衣服一股脑儿塞进了洗衣机。我怀疑你是否也遇到了这种事情——因为这件衣服的确看得出已经有被洗过的明显痕迹。不信的话，你可以跟其他衣服比一比。"

顾客看了看证据知道无可辩驳，而售货员又为她的错误准备好了借口，给她一个台阶——于是顺水推舟，乖乖地收起衣服走了。

售货员的话说到顾客心里去了，使她不好意思再坚持。一场可能发生的争吵就这样避免了。

一位老师曾遇到过这样一件事。下课了，有位学生向老师反映，昨天她爸爸送给她的生日礼物——一支黑色派克钢笔不见了。老师巡视了一下全班同学的表情，发现坐在那位女同学旁边的学生神情惊慌，面色苍白。可想而知，钢笔十有八九就是她拿的。当面向她指出吧，又苦于没有充分证据，搜身吧，又不近情理。老师想了想，说："别着急，肯定是哪位同学拿错了。黑色的钢笔实在太多了，互相拿来拿去是经常发生的事。只要等会儿她看清楚了，一定会还给你的。"果然，下课以后，拿了钢笔的同学趁旁人不在的时候，赶紧把钢笔送还到那位女同学的笔盒里去了。

人们通常会为谎言寻找各种借口，你若想戳穿对方的谎言，不仅必须使他相信你，而且必须懂得如何把他从自我矛盾中解救出来，说得他心服口服，体面地收起那套鬼把戏。

有时即使你说的是千真万确的实话，对方必须得完全接受，但也要三思而后"说"。

在生活中，人与人之间的交流，往往是说话的双方彼此都希望对方能对自己实话实说。但在某些特定的场合下，如顾及面子、自尊，以及出于保密等，实话实说往往会令人尴尬、伤人自尊。因此，实话是要说的，但应该巧说。

该如何才能把实话巧妙地表达出来，说得既让人听了顺耳，又让人能欣然接受呢？在这里介绍几点，仅供参考。

第一，由此及彼肚里明。两个人的意见发生了分歧，如果实话实说直接反驳就有可能伤了和气，影响团结。这个时候就需要我们采取这种方法，因为这样可能会避免一些麻烦。

一次事故中，主管生产的副厂长老马左手指受伤被送往医院治疗，厂长老丁来病房看望时，谈到车间小吴和小齐两个年轻人技术水平较强，但组织纪律观念较差，想让他们下岗一事。老马当时没有表态，只是突然捧着手"哎哟哎哟"大叫。老丁忙问："疼了吧？"老马说："可不是，实在太疼了，干脆把手锯掉算了。"老丁一听忙说："老马，你是不是疼糊涂了，怎么手指受了伤就想把手给锯掉呢？"老马说："你说得很有道理，有时候，我们看问题，往往因注重了一方面而忽视了另一方面。老丁，我这手受了伤需要治疗，那小吴和小齐……"老丁一下子听出老马的弦外之音，忙说："老马，谢谢你开导我，小吴和小齐的事我知道该怎么处理了。"老马把手有病需要治疗类比人有缺点需要改正，进而巧妙地把用人和治病结合起来，既没因为直接反对老丁伤了和气，而且又维护了团结，成功地解决了问题。

第二，抓心理达目的。这就是要抓住人的心理，运用激将的方法，进而达到自己的真实目的。

一位穿着华贵的妇女走进时装店，对一套时装很感兴趣，但又觉得价格昂贵，因而犹豫不决。这时一位营业员走过来对她说，某某女部长刚才也看好了这套时装，可她一样也觉得这件时装有点贵，刚刚离开。于是，这位夫人当即买下了这套时装。营业员能让这位夫人买下时装，是因为她很巧妙地抓住了这位夫人"自己所见与部长略同"和"部长嫌贵没买，要与部长攀比"的心理，用激将的方法巧妙地达到了目的。

第三，藏而不露巧表达。这是指运用多义词委婉曲折地表明自己要说的大实话。

林肯当总统期间，一位朋友向他引荐某人为阁员。因为林肯早就了解到该人品行不好，所以一直没有同意。一次，朋友生气地问他，怎么到现在还没结果。林肯说："我不喜欢他那副'长相'。"朋友一惊道："什么！那你也未免太严厉了，'长相'是父母给的，也怨不得他呀！"林肯说："不，一个人超过40岁就应该对他脸上那副'长相'负责了。"朋友当即听出了林肯的话中话，再也没有说什么。很显然，这里林肯所说的"长相"和他朋友所说的"长相"，根本不是一回事。林肯巧妙地利用词语的歧义性，道出了"这个人品行道德差，我不同意他做阁员"这句大实话，既维护了朋友的面子，又达到了自己的目的。

总而言之，在对方不利的情况下，说实话而又可能会引起交锋时我们不能得理不饶人，应该给别人一个体面的台阶下。

2005年，大连市一家大型制造企业的李经理，率领代表团到韩国参加某企业的订货会。韩国企业的总裁特地举行宴会款待李经理一行。双方交谈中，韩国翻译在翻译李经理的讲话时不慎译错了一个地方。在场的韩国企业总裁见状大为光火，感到非常丢面子，他的脸马上阴沉下来，扭头用眼睛盯着那位翻译。那位翻译涨红了脸，紧张得不知所措。

宴会厅里的气氛立刻紧张起来，大家的眼光齐刷刷地盯着韩国企业的总裁和翻译。这时李经理温和地对韩国企业的总裁说："两国语言差别很大，要恰到好处地翻译出来是很不容易的。刚才可能是我方言太重，讲得不够清楚。"说完，李经理又慢慢地重述了一遍刚才被译错的那段话，这次韩国翻译准确地翻译了出来。

李经理说完话，立即与韩国企业的总裁碰杯，紧接着又特地转过身来与韩国翻译碰了一下杯。这令韩国翻译十分感动，手里举着酒杯久久不放。此时，韩国企业总裁的脸上也有了笑意，整个宴会厅里的紧张气氛彻底缓和下来。

李经理以自己"有误"为借口，为对方提供了一个非常体面的台阶。仅仅一句话，就使已经感到有失自尊的韩国企业总裁摆脱了尴尬局面，也为他们的翻译解了围。

第四章
直截了当地说话，很容易伤到别人

在社交场合，每个人都展现在众人面前，因此都格外注重自己的形象，会有比平时更加强烈的自尊心。在这种心态支配下，一旦自己或自己一方人员的言谈举止出现什么失误，尴尬的感觉会十分强烈。这时，如果你能适时为对方搭建一个恰当的台阶，使他或他那一方免丢面子，巧妙走出尴尬，不仅可以使对方心生感激，对你产生好感，而且也有助于你在公众面前树立良好的形象。

有时候需要拒绝别人，而这种拒绝又足以使对方下不了台，如果把拒绝的话说得八面玲珑，可以使自己不必陷入尴尬为难的状态。相反，如果说得不好，可能就会导致被人嫉恨、引起交锋，这就需要掌握一些拒绝他人的技巧。

在日常生活中，每个人都会有过向别人提出要求，而被人直接拒绝的感受，那种感受的确不好。

在社会交往中，有人需要你帮忙，但你却由于某方面原因而不能帮他时，就需要拒绝他。直截了当说出拒绝的话，很难说出口，也怕别人误解。为此，我们就必须掌握拒绝他人的技巧。

如果在社交场合，你需要拒绝人时，不妨用下列方法试一试。

有意推托。比如："我转告她一声倒是可以，就是怕她误会了，还是你直接同她说为好。""这件事由我出面恐怕不会太好吧！"

尽量回避。比如："哦，是这样呀，我没看清楚。""我没注意，也不是太清楚。"

故意拖延。比如："今晚还有事，以后再说吧。"

保持沉默。比如："嗯，让我再考虑考虑。"

另有选择。比如："好是好，不过我更喜欢……我想那个会更好。"

婉言回绝。比如:"我很理解你的心情,但是这样做,对你我都没有好处,你仔细想想。"

生活中,我们总要面对各种各样的人和事,这其中,有许多积极的,也会有许多消极的;有符合自己意愿的,也有不符合自己意愿的;有我们赞成的,也有我们反对的;有我们乐于接受的,也有我们需要拒绝的。究竟如何处理这些事情,就构成了我们日常生活的主要内容,并影响我们生活的方方面面。因此,如何拒绝他人也显得十分重要。拒绝他人也需要一定的技巧,因为它不仅塑造我们自身的良好形象,也对我们处理好与各种不同人之间的关系等都有着十分积极的意义。

人在社会之中,就一定会与别人产生各种各样的社会关系,不同的人在社会中,扮演着不一样的角色,每个人面临的实际情况也会各不相同。每个人应该始终明确自己的职责,做自己该做的事。但是,有时我们又需要面对一些对自己有压力或违背意愿的事情,这就需要我们去拒绝。如果我们懂得拒绝,就能巧妙地将自己从一些不必要的事务中解脱出来。

第四章
直截了当地说话，很容易伤到别人

反对的话，请绕个弯儿后说

> 以退为进的绕弯儿战术，是一种有效的说话策略。它表面是退缩，实质是进攻，退是为了更好地进。就像拉弓箭一样，先把弓弦向后拉，目的是为了把箭射出去。

无论是谁，遭到别人直言不讳的反对，特别是当受到激烈言辞的迎头痛击时，都会产生敌意，导致不快、反感、厌恶乃至愤怒和仇恨。这时，我们会感到气窜两肋，肝火上升，血管膨胀，心跳加快，全身处于一种高度紧张状态，时刻准备做出反击。其实，这种生理反应正是心理反应的外化，是人类最本能的自我保护机制的反映。

绕个弯儿后表达反对性意见，可避免直接的冲撞，减少摩擦，特别是对于领导来说，委婉的反对使对方更愿意考虑你的观点。春秋时期的齐景公放荡无度，喜欢玩鸟打猎，并派烛邹来专管鸟。一天，鸟全都飞了，齐景公大怒，要下令斩杀烛邹。这时，大臣晏子闻讯赶到，他看到齐景公正处在气头上，怒不可遏，便请求齐景公允许他在众人之前尽数烛邹的罪状，好让他死个明白，以服众人之心。齐景公答应了。

于是，晏子便对着烛邹怒目而视，大声地斥责道："烛邹，你为君王管鸟，却把鸟丢了，这是你第一大罪状；你使君王为了几只鸟儿而杀人，这是你第二大罪状；你使诸侯听了这件事，责备大王重鸟轻人，这是第三条罪状。以此三罪，你是死有余辜。"

说完后，晏子便请求齐景公把烛邹杀掉。此时，齐景公早已听明白晏子话中的意思，于是转怒为愧，挥手说："不杀！不杀！我已明白你的指教了！"

这个故事就是下级绕个弯儿后提醒领导，表达反对性意见，并被领导心悦诚服地接受的一个很好例证。很明显，晏子是反对景公重鸟轻人的，但他看到景公正处于气头上，直谏反而不妙，于是就采取了以退为进、以迂为直的方法来间接地表达自己的意见，使齐景公得以领悟其中的利害关系和是非曲直，达到了既救烛邹之命，又说服景公的目的。而且，晏子也避免了直接触犯景公给自己引来一些不必要的麻烦。

自然，对于许多人来说，由于历事颇多，久经世故，是能够临危不乱、沉得住气的，不会立即做出过激的反应。而且，许多人还是有一定心胸的，不会褊狭地受情绪左右，意气用事。但是，其心中的不快却是不能自控的，而且由于有些人处于指挥全局的岗位上，加上权力的因素，他们是很难避免愤怒情绪的。下属的直言不讳，往往会使处于领导位置上的人觉得脸上无光，威名扫地，而领导的

第四章
直截了当地说话，很容易伤到别人

身份又决定了他非常需要这些东西。

过于直接的批评方式，会使领导自尊心受损，大跌脸面。因为这种方式使得问题与问题、人与人面对面地站到了一起，除了正视彼此以外，已没有任何的回旋余地，而且，这种方式是最容易形成心理上的不安全感和对立情绪的。你的反对性意见犹如兵临城下，直指上级的观点或方案，怎么会使领导不感到难堪呢？

特别是在众人面前，领导面对这种已形成挑战之势的意见，已是别无选择，他只有痛击你，把你打败，才能维护自己的尊严与权威。而问题的合理性与否，早就被抛至九霄云外了，谁还愿意去追究、探索其中的道理呢？

绕弯儿的方法很容易使你摆脱其中的各种利害关系，淡化矛盾或转移焦点，从而减少领导对你的敌意。在心绪正常的情况下，理智占了上风，他自然会认真地考虑你的意见，不至于先入为主地将你的意见一棒子打死。

卡耐基在《人性的弱点》一书中就提出，每个人都会犯错误，每个人也都有自己的自尊心，有些问题可以不必采用直接批评的方法；相反，可采用间接的方法来指出问题，有时效果反而会更好。

其实，领导也是很普通的人，通过迂回的办法去表达自己的反对意见，并力求使领导改变主张，仍然是十分奏效的方法。你无须过多的言辞，无须撕破脸面，更无须牺牲自己，就可以说服领导接受你的意见。

话又说回来，不只是对于领导或者是身份地位比自己高的人，即使是一般人，说表示反对的话时，也要用到绕弯儿战术。

绕弯儿战术在人们的日常交往中常表现为一种策略性的智慧。例如，人的心理往往会有许多不易琢磨之处，如一个人想做某件明显不妥的事，若上前禁止的话，他可能横下一条心硬是去做。但若支持的话，则很有可能就会打消了他去做的念头。尤其是年龄不成熟的孩子，对问题和事情往往不能做出正确的判断。

有位教授的儿子在学校挨了老师的责骂，回家后就大声说道："我恨这个老师，真想杀了他。"教授听了这句话便说："你若真的这么恨他，杀了他也好。"随后又加了一句："但你要知道，杀死人的人也会被处死的，这点你必须考虑到。"孩子听了父亲这几句话后，就打消了恨老师的念头。

绕弯儿战术对于一些防备心较强、心理较为固执的人来说，更是一种极好的对付办法。上面这个例子就是，教授先顺着儿子的心理同意他的观点，然后又采用了绕弯儿法，亮出同意儿子观点和做法后的结果是他自己本身也会被处死，那么儿子当然不愿意被处死，教授的绕个弯儿也就成功了。

大书法家梁舟山的书法，风格独特，高雅动人，当时京师中的达官贵人以得到梁舟山的书法作品为自豪。一次，梁舟山从南方回京师，路过黄河，黄河水势极大，无法渡河，就被河督留在衙内。一连十几天，河督书房内有笔墨纸砚，就作消遣书写起来，几天就把厚厚一叠宣纸写了个净光，既有大字条幅，也有小楷、小篆。河督办完事回来，看他写了满屋的字纸十分不悦地说："这些宣纸，都是我从产地购来，准备进京送人，你却把它浪费了。"梁舟山十分尴尬。第二天，河督就派人把梁舟山送去了黄河。梁舟山进京后，将

第四章
直截了当地说话，很容易伤到别人

这件事告诉好友。好友说，这河督在京做官时，曾托人向你要过字，你没有给他，这次他故意不让你过河，摆上笔墨纸砚，给你设下套。你写了字，他得了墨宝，不但不领情，反而把你数落一通，这实际是报上次拒绝之怨。梁舟山恍然大悟，悔恨不已。

这位河督是个很会表达自己反对意见的人，既表达了自己对于梁舟山的不满，又得到了自己想要的东西，还使梁舟山无话可说。

绕弯儿战术并不是高深莫测的，在日常生活中，即使是10岁的小姑娘也会自觉或不自觉地采用这一战术。

10岁的玛吉和妈妈相依为命。为了使玛吉高兴，妈妈答应涨了工资就给她买玩具。前不久，老板去度假，委托母女俩照看他家的一条狗、一只猫和一只鹦鹉。老板临回来的前一天，玛吉去给那些小动物喂最后一次食物。她一边喂鹦鹉，一边不断地自言自语："妈妈该涨工资了！妈妈该涨工资了！"这样，鹦鹉也学会了这句话，后来不断说给老板听，结果妈妈涨了工资，玛吉得到了玩具。玛吉借助鹦鹉学舌的作用，达到了母女俩的愿望，真是个聪明的孩子。

运用此法要注意三点。一是要知情，知己知彼，方能百战百胜；二是要有度，退要适度，进要有力；三是生拉硬扯是不能取得好结果的，只有顺应对方的话题和心态，自然而然，顺理成章，才能退得巧妙，进得有力。

良言忠告，要委婉顺耳地说

> 有句俗话说"良药苦口，忠言逆耳"，说的是凡是能治好人的病的药，一般会很苦，而忠告一般也都是逆耳的。其实，忠言顺耳更利于行。

真诚地提出自己的忠告，会让对方免遭损失，或者将事情办得更好。忠告表明了我们关注对方，我们站在他的角度为他着想，因此，忠告可以帮助我们建立真诚的人际关系，使我们与别人紧密地连接起来。相反，那些不能给予他人忠告的人，或者即使有好的建议也不肯说的人，是不真诚的人，他们也很难赢得别人的尊重和喜爱。

因为，人们容易受反感情绪的影响，对别人的建议有一种天生的逆反，会自觉抵抗别人的忠告。所以，我们提出忠告的时候要讲究说话的态度和语气，有时委婉一点比直接地提出建议效果会更好一些。

第四章
直截了当地说话，很容易伤到别人

比如，一位在外游荡而后感到后悔、暗暗下决心回家学习的中学生一走进家门，当母亲的就急不可耐地训斥儿子："你又到哪里野去了？还不快去复习数学！再这样下去，你将来怎么考得上大学！""哼，上大学，上大学，我就不信，不上大学就混不出个人样来。"受逆反心理驱使，儿子一气之下又跨出了家门，留下母亲在那里发愣。

看来，仅有为别人着想的良好愿望还不行，提出忠告也需要技巧，否则就会适得其反。要想使自己的忠告被人接受，需要注意以下三点。

第一，态度一定要谦和诚恳。

忠告的最终目的就是使对方从中受益。因此，在提忠告时，一定要让对方明白你的一番好意。为此，你就要谨慎行事，不可疏忽大意，随便草率。此外，讲话时态度一定要谦和诚恳，用语不能激烈，否则对方就会觉得你是在教训他。但是，也不必过于委婉，因为那样对方可能会觉得你不真诚，或者认为你假惺惺的，反而会觉得厌恶。

第二，选择适当的场合和时机。

例如，当部下尽了最大努力，却没有把事情办好时，你最好不要当即向他们提出忠告。如果你这时不合时宜地说"如果不那样就不至这么糟了"之类的话，即使你指出了问题的要害且很有道理，部下的心里却会顿生反感，效果当然就不会好了。相反，如果此时你能说几句"辛苦你了""你已尽了最大的努力""这事的确比较难办"一类的安慰话，然后再与部下一起分析失败的原因，最终部下是会欣然接受你的忠告的。

除此之外，在什么场合提出忠告也很重要。原则上讲，提出忠告时，最好是一对一，要避开耳目，千万不要当着他人的面向对方提出忠告。因为这样做，对方就会受自尊心驱使而产生抵触情绪。

第三，不要以事与事、人与人比较的方式提出忠告。

此时的比较，往往是拿别人的长比对方的短，这样很容易伤害对方的自尊心。

"我说小刚呀，你看隔壁家的二牛多有礼貌，多乖啊。你和二牛同年生，你还比他大两个月呢。你要好好向他学习，做个好孩子哟。"一位母亲这么忠告自己的儿子。"哼，嘴里整天是二牛这也好那也好，干脆让他做你的亲生儿子算了。"儿子的自尊心受到伤害，母亲的忠告效果便适得其反了。

"我说，你看张太太哪天不是整整齐齐的，而你总是不修边幅，你就不能学学人家的样子吗？"丈夫对不爱打扮的妻子提出了忠告。"学学人家？你有人家丈夫赚得多吗？等你有了钱，我自然会打扮，谁不喜欢漂亮啊。要钱没钱，要衣服没衣服，你让我怎么打扮？"虽然妻子明明知道自己的弱点，但出于自尊心，她没好气地回敬着丈夫，丈夫的忠告也宣告失败了。

总之，提出良言忠告，还是不要太逆耳，有时让忠告委婉顺耳一些，会达到更好的效果。

第五章

贴心交谈,把每句话都说到他人心坎儿里

争论之语，请降温后说

> 我们平时在对话中，时常会出现"高温语言"，就是和别人进行激烈的争论，达到不可开交的地步。"高温语言"，会使融洽的人际关系搞僵，掌握给"高温语言"降温的方法，才能够挽救即将破裂的人际关系。

道理不争不明，但怎么争，许多人却不知道。有人在争论中发火、谩骂，甚至大打出手，弄得朋友之间很不愉快。

有人会说，争论难道还用得着学吗，我天生就会。只要把喉咙扯响，抓住争论对方的任何逻辑漏洞，攻其一点，不及其余。更要紧盯对方的道义弱点，只稍"泼上一桶污水"，让其失去所有道德优势，哪怕无理也赢了。

的确，争论常常发生，但争论的原本意义却不见得人人都懂。单就争论的目的来说，就可以列出一串不同结论：为了赢，为了面子，为了显示自己，为了说服对方，为了证明自己的正确，为了驳

第五章 贴心交谈，把每句话都说到他人心坎儿里

斥对方的错误……连争论的目的都说不清道不明，就信誓旦旦宣称自己天生就会争论？未免太过自信了吧。

朋友之间交往相处，难免会有口舌上的争论，那么在与人争论时，一种观点被认可，不在于谁的声高，关键在于谁能把自己的想法不露痕迹地输入对方的意识当中。通常大多数人所采取的态度是：向对方展开反驳。而你一向采取何种态度呢？是否会采用"高温语言"呢？

《演讲与口才》一书中说，所谓的"高温语言"，是指谈话时双方针锋相对互不相让，使话语的火药味甚浓，稍不在意就会擦枪走火，导致矛盾冲突的发生。

如何抓住时机，适时给"高温语言"降温，以减少朋友之间的摩擦，需要我们运用恰当的方法、机智的语言，变高温为低温，化敌意为和睦。

一是明理静气。

在事情突然发生，而双方又心急如焚的情况下，当事人说话往往就不够冷静，声调就会高扬，语言就会迅速升温，容易使冲突升级。这时就需要其中一人明理静气，压一压心火，使当事双方迅速冷静下来，化解矛盾。

二是谐音岔题。

如果两个人没有什么大的矛盾，但遇事就喜欢斗气，争强好胜，三句话不到，就互相诋毁导致语言升温。这时，如果其中一人打打岔，分散一下另一个斗气者的注意力，将他们斗气的犄角分开，常常能化干戈为玉帛。

三是引申归谬。

在遇到两个人执意要闹下去的情况时，如果有旁观者，旁观者不妨将再这样发展下去的后果予以引申，将可能出现的不良局面清晰地摆到当事者面前，这往往能对当事人起到警示作用，使局面出现转机。此法若运用得当，能收到出其不意的效果。

薛友明与郝祥是一对性格相仿、脾气差不多的"冤家"，两个人都是一所高中的学生。他们常常是"好了伤疤忘了疼"，分开了又想到一起，在一起时一旦话不投机就拌嘴。特别是郝祥，什么事都要争出个子丑寅卯来，有些同学对他已经望而却步，尽量避免跟他打交道。

一次，为了一道代数题的解法，两人又较上了劲，而且逐渐升级到讲勇斗狠上来。这个说："我怕你，休想！"那个说："我怕你？"另一同学陈桂华见两位又"发高烧"了，忙打趣道："冬天雪，夏天雷，你说同学谁怕谁？就怕这样长期下去，大家都不理你们了！"

郝祥比较敏感，联想到自己朋友渐少，脸红起来。薛友明心想自己也有不是之处，停止了争执。就这样，陈桂华一番话四两拨千斤，轻易就化解了一场口舌之争。

一对较劲的冤家，好像谁也不怕谁。但这种没有任何意义的"怕不怕"问题之于两人的感情而言，其危害性是显而易见的。互不服气、互不畏惧，只会把关系搞僵，把问题搞复杂。

碰到小事就一直闹下去，与他人怎么相处？"这样长期下去，大家都不理你"，这将是最有可能出现的后果。陈桂华抓住这个点巧作引申，得出一个大家都不愿看到的结果，当然也是争强好胜者最怕的后果，从而将其火气降下来。

在人际交往中，朋友之间的对话升温、产生火药味甚至发生冲撞是常有的事。若在场的人都能像陈桂华那样，拿起"语言灭火器"，给"高温语言"迅速降温，将矛盾与冲突扼杀在萌芽阶段，就会为生活增添更多的和谐与美好。

别为无聊的小事去争论，什么事都争论，会给人留下此人是非多的不良印象。

因为，几千年来受中庸文化的熏陶，中国人很不习惯争论、很不熟悉争论，也很少有人拿争论来做文章做学问。大家见了面一般都是客客气气的。即使有根本性的不同见解，也从不在课堂上、会场上当众说出来，不但不说，还讳莫如深，让人费劲地猜来猜去。这种作派，不但不受人嫌弃，还受人推崇，谓之"含蓄""修养好""城府深"，是聪明人。如果认真较个死理，把自己的观点在与众不同的时候如实地、不加保留地说出来，都不用考证观点合理与否，别人对你的第一印象就是：肤浅、幼稚、靠不住。

爱语，请深情地说

> 爱语的力量是春日里纷洒的丝丝细雨，使落寞孤寂的人享受心灵的滋润；爱语的力量是冬日里耀眼的一抹阳光，使凛冽寒风中的人感受春日的温暖；爱语的力量是沙漠中突现的一泓清泉，使濒临绝望的人重燃希望之光；爱语的力量是黑夜里远方的一座灯塔，使黑暗中的人找到航行的方向……

对我们中国人而言，"有口难言"、"沟而不通"或"爱在心头口难开"是我们常常遭遇的困境。深情地说出爱语，正是帮助我们把心意、情感明确而传神地表达出来，以达到最好的沟通效果，并且会有出人意料的收获。

爱语有多种，如母爱语、师爱语、友爱语、情爱语等。下面我们以情爱语为例，谈谈爱语的妙用。

现实生活中，由于不敢及时表白而错过爱情的事例不少。当然也有"懒汉娶仙妻"的例子，那是由于懒汉在追求爱情时敢于表露自己的钟情，同时有一种执着的憨劲。

当你的心里升起爱意时，不要犹豫，不要彷徨，而应当在适当的时候，向自己心中钟情的他（她），大胆、果断、坦率地说出——"我爱你！"机不可失，时不再来！如果你没有这个勇气，浪费了上帝为你准备的这三个字，你只能孤独地走完你的人生旅程。

其实，爱语也有一些定式语言可以借用，不必害怕不会说，而是怕你不敢说。

下面就是一些表达爱意的语言。首先看看男人表达爱意的惯用语。

"没什么特别的事，只想听听你的声音。"男人在女人意想不到的情况下拨个电话温柔地说。

"即使你不爱我，我依然会一生一世保护你。"男人深情地说。

"你是我最初也是最后的爱人。"男孩对初恋情人天真浪漫地说。

"只要你一直在我身边，其他东西不再重要。"男人拥着女朋友痴痴地说。

"不管将来发生什么事，你变成什么样子，你依然是我最爱的人。"痴情男子花前月下向女朋友说着伟大誓言。

"和你在一起总会令我忘记时间的存在。"明明已经整天结伴，男人送女人至家门外依旧一脸依依不舍地道别。

"现在能够见面多好呀！"一天甜蜜约会结束，凌晨时分，男的还捧着电话筒向远方的她充满渴望地说。

"不要紧，你只是迟了一会儿。"她纵然迟到了大半个钟头，他仍旧体贴地说。

"只要能和你在一起，我不管要付出怎样大的代价。"情路即使受着外在因素影响跌跌撞撞，男人却一直坚定执拗地向爱人说。

"此刻我很挂念你，请为我小心照顾自己。"男人在工作期间不忘传呼女友留下动人口讯。

"任何时候、任何情况，只要你需要我，我立即赶来，尽我全力为你分担。"女友提出分手，男人依旧一脸痴痴，说仍愿意继续为她赴汤蹈火。

"我愿意爱你、照顾你、保护你，一生一世。"婚礼上，新郎带着少许泪光当着众亲友面对新娘子说。

"你给我带来一生中最大的撞击，我会铭记此生。"男女分手，男的平静而肯定地说。

"如果他待你不好，一定要告诉我，我绝不放过他。我会一直在你身边保护你。"她选择了别人，被抛弃的男人仍旧情深款款地说。

"只要你愿意，当你失意的时候，需要一个肩膀的时候，告诉我，我会立即出现。"她不爱他，但他不计较，还无怨无悔地说。

"我从来不会对任何一个女人许下诺言，也从不会对任何一个女人做我会为你所做的事。你在我心目中是多么不同！"聪明的男人向善妒的女人说。

"我一生中遇到无数的女人，可是从来没有像你这样一个教我如此深受震撼的。"男人对新相识的女人说。

"你已经走进我的生命，我愿与你一生一世。"男人从口袋中取

第五章
贴心交谈，把每句话都说到他人心坎儿里

出指环，既认真又战战兢兢地向女人求婚时说。

"无论如何，只要我爱的你能够幸福我就别无所求了。"所爱的人和别人结婚了，男人眼泛泪光祝福新娘子说。

"我答应不会让任何人伤害你，包括我自己在内，相信我！我会给你幸福。"女人在工作或人事上受尽委屈，男人把她一拥入怀，体贴地一番耳语。

"你为酒醉！我为人醉。"女人喝罢两口酒，脸泛红霞双颊赤热，男人抓紧机会轻轻细诉。

"我一定要比你多活一分钟，好让你离去的时候，让我握紧你的手，就像我们平日睡觉时一样。"男人抱着心爱的女人在床上喁喁细语。

"我等着你回来。"机场内，男朋友紧紧拥着即将赴国外学习的女友细说，然后在对方额上轻吻一下。

"你在我心中永远是最有气质、最特别和最具吸引力的。"男人轻抚女友秀发说。

俗话说：女人心，海底针。意思是说女人的心思难以琢磨。可是你知道吗？其实男人的心理同样也是很复杂的。正处于热恋中的你，想不想知道怎样才能打动你深爱的男人呢？正所谓"知己知彼，百战百胜"，下面的几句话你可得好好地记住。

"我不在乎你有没有钱，我相信你一定会有前途。"

"我做菜的手艺很不错，下次有机会做给你吃。"

"不管怎样，我相信你。"

"你很有才华，能够认识你真的好幸运。"

"亲爱的，我会永远爱你。"

"没什么事，只是想你了。"

"我不要求名分，重要的是我们彼此相爱。"

第五章
贴心交谈，把每句话都说到他人心坎儿里

否定的话，要机智地说

> 柔和的语言往往具有规劝或协商等口吻，它传递的信息内容常常具有体贴、关怀、尊重等感情色彩，因而易于让人接受和执行，语言目的易于达到。

我们说话要讲究策略，说"不"更要有策略，否则拒绝二字将给我们的生活增添不少麻烦。

首先，拒绝对方的提议时，最好采用毫不触及话题具体内容的抽象说法。

日本成功学大师多湖辉曾讲过这样一件事。在日本20世纪60年代末时，某大学的教室里正在上课时，一群激进派学生闯了进来，使上课的教授手足无措。当着班上学生的面，教授想显示一点宽容和善解人意的风度，就决定先听一下学生讲些什么之后再去说服他们。结果与他的善良想法完全相反，激进派学生乘势向他提出许许多多的问题，把课堂搅得一团糟，再也上不成课了。之后，只要他上课就有激进派的学生出现在课堂上，这样持续了一年。

从这一教训中，教授悟到一条法则，即若无意接受对方，最好别想去说服他，对方一开口就应该阻止他："你们这是妨碍教学，请先从教室里出去，与课堂无关的事，让我们课后再说。"如果不去听学生的质问，一开始就踩住话头，至少不会给对方以可乘之机，也不致弄得一年时间都上不好课。

在生活中，面对不喜欢的对象，要出其不意地敲他一下，以便打退对方。若缺乏机会，不妨制造机会，先使对方兴高采烈，然后趁对方缺乏心理准备，脸仍在笑嘻嘻时，找到借口及时退出，达到拒绝的目的。

一位名叫金六郎的青年去拜访本田宗一郎，想将一块地产卖给他。本田宗一郎很认真地听着金六郎的讲话，只是暂时没有发言。本田宗一郎听完金六郎的陈述后，并没有作出"买"或者"不买"的直接回答，而是在桌子上拿起一些类似纤维的东西给金六郎看，并说："你知道这是什么东西吗？"

"不知道。"金六郎回答。

"这是一种新发现的材料，我想用它来做本田宗一郎汽车的外壳。"本田宗一郎详细地向金六郎讲述了一遍，谈论了这种新型汽车制造材料的来历和好处，又诚恳地讲了他明年计划各种新的汽车设计。这些内容使得金六郎摸不着头脑，但感到十分愉快。

在本田宗一郎送走金六郎时，才顺便说了一句，他不想买他的那块地。如果本田宗一郎一开始就将自己的想法告诉金六郎，金六郎一定会问个究竟，并想方设法劝说本田宗一郎，让他买下这块地。

第五章
贴心交谈，把每句话都说到他人心坎儿里

本田宗一郎不直接言明的理由正是如此，他不想与金六郎为此争辩什么。

其次，在与人交流时，我们还一定要记住拒绝他人时的禁忌。

忌说话绵软无力。拒绝别人时若说话绵软无力甚至哼哼唧唧半天讲不清楚，很容易让人产生一种厌恶感，认为你不是帮不了他，而是根本不想帮他，因为一般而言只有心虚的人才会如此吞吞吐吐。

忌热情过头。既然是拒绝别人就认真说出理由，之后无论表示惋惜也好、无奈也好，别人不乐意，也不能对你的拒绝妄加指责；但你若为了弥补对方，仍过于热情，则未免有些虚伪。

忌触动感情。据心理学家研究，触动是很容易产生共同感受的，故想说"不"时应注意避免给人以敬而远之的态度，比较容易把"不"说出来并说得较好，或者说，对方试图与你套近乎，你要保持头脑清醒，以免做了感情俘虏，给对方可乘之机。一般说来，见一次面就能记住别人名字的人，常容易与人接近，故此，在交谈中不断称呼别人名字，并冠之以"兄""先生"等常能产生亲近感。那么，反过来你想说"不"时，便应杜绝这种亲密的表示，即对方的名字一概不提，这样加大和对方的心理距离，容易说"不"。还有谈话时尽量距离对方远些，使其不容易行使拍、拉等触动性的亲密动作。另外，最好也不要触摸对方递出来的东西。东西也和人一样，一经触摸就会产生亲密感，想要拒绝就不容易了。

忌借口不当。有些人不想直接说"不"，便随便找些不值一驳的理由来暂时搪塞对方，以求得一时的解脱。这个方法并不好，因为对方仍可以找理由跟你纠缠下去，直到你答应为止。

比如你不想答应帮某人做事，推说："今天没有时间。"他就会说："没关系，你明天再帮我做好了，事情就拜托你了。"又如你要拒绝对方想转让给你的一件衣服，你推说："钱不够。"那么对方会说："钱够了再给我好了。"就把你轻易应付过去了。或者你不愿意和对方跳舞，推说："我跳不好。"那么他一定会说："没关系，我慢慢带着你跳好了。"因为这些都是小小的谎言，一经反驳，你定有所慌乱，"不"的意志便很难贯彻了。所以对付这种情况，你倒不如直截了当地用较单纯的理由明确地告诉对方："你托办的这件事办不到，请原谅。""这件衣服的颜色我不喜欢，很抱歉。""我已经另约了舞伴，不能跟你跳，对不起。"这样虽说显得生硬些，但理由单纯明快，不会给对方可乘之机，倒可以免除后患。

另外，当我们面对他人的善意要求，而你既不想伤害对方又不想答应对方时，就还得学会下面谢绝他人的多种技巧。

试着先同意。这似乎听上去有点自相矛盾，但是我把这看作一场心智的柔道。你可以同意要求（假设你的情况是你想接下这个活但是手头没有足够的时间），然后做下面两件事之一。比如，你可以说："没问题，但是我现在的任务多得像山一样。你能不能过一个月左右再来找我？"你还可以说："当然可以，但是能不能先去做……这样我们才能看出这件事到底是否可行。"无论你选择上面两个中的哪一个，你都没有断然地拒绝他们，而是把主动权交回到他们的手中。你是在真心想要做这件事但是实在抽不开身的情况下才这样说，这样说帮你解决了主动权给你带来的压力，让你用不着真正说出那个"不"字。

第五章
贴心交谈，把每句话都说到他人心坎儿里

了解你曾做出的承诺。为了知道什么时候用得着说"不"，你得了解你现在已经揽了哪些活了。你得给你现在所有的项目和任务建一张流动的列表，同时也为你在一个星期左右时间内的不属于那些项目的活动列一张活动任务表。有了这两张列得满满的表你就可以决定眼前这个任务能不能挤进去。小心保管这张表，只有在事出必要的情况下才在上面添加项目。

拖延。与上面的第一种回答有点类似，如果你选用这招的话你用不着下决定，用不着点头或者摇头，而只是让来请求你的人迟些再来。如果这个人不错的话，他会把过段时间再来找你这件事加进自己的备忘录里。否则他们肯定早把你忘了。有的时候如果你连着拖延了两回，别人就会放弃了。当然老是拖延也不好，这会让别人觉得你人品有问题。一般在两次拖延之后，在别人第三次求你的时候，你就应该给出个明确的答复了。

礼貌，但要坚决。很多人容易犯的一个毛病就是太优柔寡断了。他们可能拒绝了别人但是让人听上去有些动摇，如果你这样回应别人的话，会有更强的人来向你施压，直到你点头答应为止，这是因为他们觉得事情还有商量的余地。因此如果你要拒绝的话，你就得让别人清楚地知道你不会再改变主意了。但是别表现粗鲁，一句简单的"不，我现在实在无能为力"就够了。

抢先一步。如果你觉得将有人会有求于你，你可以在别人向你请求之前告诉他们你很忙。如果你与那人碰面，你可以说"话说在前头，我得让你知道我的日程表里这一个月都排得满满的，所以我们别谈关于 30 天内的什么新计划。"这相当于对那个将有求于你的

人做了一次警告，因此事后他们也无法怪罪你拒绝他们的请求。

"我很乐意，但是……"类似于第一个方法，这招表现出你对这项计划很感兴趣，但是你因为日程安排或者有其他的任务而实在无能为力。如果这个计划听上去真的很有趣的话，你可以说："这听上去确实很棒，我多希望自己能加入进来啊！"如果可能的话，你也可以推荐一些其他的适当人选或者可行想法。一些人会觉得这种被拒绝的方式还不错，至少你也帮他解决了难题。

永远别说抱歉。还是得珍惜自己的时间，如果你道歉的话，就好像是在为做错一件事而道歉，这样一来你拒绝的理由也就显得不甚充分了。在这种场合下，说"对不起"这三个字是很有诱惑力的，我们常常说"对不起，但是……"或者"我多希望能帮你，但是很对不起，我没办法帮你"这类的话，这是因为我们拒绝别人的事后会觉得很不舒服。但是，还是那个问题，这样一来，你会向别人传达错误的信息。

友善的话,请和颜悦色地说

> 友善是什么呢?友善是天空,包容天地间的万物;友善是氧气,孕育新的生命;友善是阳光,是雨露,照耀、滋润着美德的生成。

友善是人际交往中必须具备的道德规范,如果人们都能以与人为善的态度,去处理日常生活中各种各样的人际关系,我们的生活就会充满阳光。

一个少年在企图行窃时,被躺在床上的女孩发现了。女孩并没有报警,而是装作并不知道他是小偷,热情地邀请他与自己聊天。他们聊得挺开心。少年临走前,女孩用自己的阿马提小提琴为他拉了一首曲子,然后又把琴送给了少年。

后来,当少年再去找女孩时,女孩因患骨癌已离开了人世,在她青色的墓碑上镌刻着"把友善奉献给这个世界,所以我快乐"。少年从此变了样,他在贫困和苦难中重拾自尊,心中燃起了走出逆境的熊熊烈火。最终，昔日的少年成才了，在世界一流的悉尼大剧院，他深情地拉起了悠扬的曲调——把它献给那位女孩。

小女孩以和颜悦色的话语，友善的态度对待少年，是为了体面地维护他的尊严。她也许永远不会意识到，她的友善、宽容和爱心——就如紫罗兰把它的香气留在那踩扁了它的脚底上，怎样震撼了一个迷途少年的心，让他重新树立信念，扬起生活的风帆。

一次友善的和颜悦色的交谈，一首优美的曲子，就这样改变了人的一生。其实，温和与友善在生活中无时不有，无处不在。

电影开演前，一位朋友心安理得坐在"自己的"座位上。过道上，一位迟来一步的姑娘冲着他微笑。电影开演了，这位朋友感到姑娘的目光还在冲着自己。他不自然起来，借着银幕上的反光又对了一次座号，这才发现自己鸠占鹊巢。他站起来，连说"对不起""没关系"，姑娘莞尔一笑道，"怪我来迟了。"

姑娘不但不生气，竟然还说了一句"怪我来迟了"，这就是包容，以友好善良的态度处理人际关系。

社会生活不论多么复杂，说到底是由各种性质、各种层次、各种方式的人际交往组成的。

人生在世，会碰到许许多多来自别人的"对不起"。在公共汽车上，有人不小心踩了你的脚；在一个集体中，有人出于不那么高尚的理由，说了一些对不起你的话，甚至做了一些对不起你的事。这个时候，需要以友善的话语和颜悦色地对待来自别人的"对不起"，宽容、谅解、理解别人，而不能针尖对麦芒，更不可冤冤相报。

人生在世，每个人都可能制造许许多多的"对不起"。会不小心

第五章
贴心交谈，把每句话都说到他人心坎儿里

踩了别人的脚，不小心溅了别人一身泥，无意间一句话伤害了别人的自尊心；也可能由于一时糊涂或迫于外界的压力，做了伤害别人感情、损害别人利益的事。这种时候，尤其需要和颜悦色地说些友善的话。无意中伤害了别人，要真诚地赔礼道歉。由于自己的主观原因伤害了别人，需要得到别人的谅解，但自己不能谅解自己。要以友善的话语，切切实实改正自己的错误，以长期的努力重新得到别人的信任和友谊。

如果你想做一个快乐的人，让自己的身边充满欢乐，就用你一句友善的话语，和颜悦色地去对待他人。那么，在和别人打交道时，如何做到与人为善呢？

首先，要学会宽容。宽容就是人与人之间相处时能充分地理解他人、体谅他人，拥有宽阔的胸怀。人们彼此生活在一起，产生一点摩擦是正常的。俗话说牙齿和舌头也会打架，但是矛盾发生后，应该学会和颜悦色地说些友善的话语，不能斤斤计较，应该让矛盾迅速化解，也就是人们常说的"退一步海阔天空"。

其次，在平时生活中，应该学会说"对不起"。你可别小看这三个字，它的作用可大了，在处理人际关系时有着出奇的效果。我们生活在同一个环境里，难免会发生一些磕磕碰碰的小事，每当出现这种情况，有的人会怒发冲冠，甚至大打出手；而有的人则会友善待人，和颜悦色地说一声"对不起"，表达自己的歉意，请求对方原谅，于是双方握手言和，重新成为好朋友。有了过失和误会，衷心地向对方说"对不起"，表现了一个人开阔的胸怀和彬彬有礼的风度，用自己友善的心感染他人，远比唇枪舌剑更有效。

我们每个人都希望生活在友好、愉快的氛围中，都希望自己的周围充满善良、宽容和温馨……这就需要我们每一个人都以友善的态度和颜悦色地处理发生在与他人相处、与家人相处、与朋友相处时发生的矛盾，共同营造一个心情舒畅、处处温暖和谐的生活环境。

下面这个故事，很能说明问题。

美国著名的试飞驾驶员胡佛，有一次飞回洛杉矶，在距地面90多米高的空中有两个引擎同时失灵，幸亏他技术高超，飞机才奇迹般地着陆。胡佛立即检查飞机用油，正如他所预料的，他驾驶的那架螺旋桨飞机装的却是喷气机用油。当他召见那个负责保养的机械工时，对方已吓得直哭。这时，胡佛并没有像大家预想的那样大发雷霆，而是伸出手臂，抱住维修工的肩膀，和颜悦色地说："为了证明你能干得好，我想请你明天帮我的飞机做维修工作。"从此，胡佛的飞机再也没有出过差错，那位马马虎虎的维修工也变得兢兢业业、一丝不苟了。

这个故事令人感动。虽然维修工的过失险些使自己丧命，但心地善良的胡佛深深懂得有过失者的心理。当对方因出了严重差错而痛苦不堪时，胡佛善解人意，自我克制，出人意料地给予宽慰，使其恢复自信和自尊。这就是友善的巨大力量。试想，如果胡佛愤怒斥责这位维修工，甚至不依不饶地追究他的责任，那么很可能会彻底地毁了他。可见，面对同一件事，以两种不同的态度来对待，就会有迥异的结局。友善，可以使大事化小、小事化了，不仅善待了他人，也能使自己得益——胡佛的飞机不是从此就没出过任何差错吗？而以愤怒乃至暴力来应对，结果往往是有百害而无一利。

第五章
贴心交谈，把每句话都说到他人心坎儿里

能否以友善的态度为人处世，不但体现着一个人的道德水平，有时甚至是一个民族素质高低的反映。有一则报道说：同样一起交通事故，在加拿大，可以不到两分钟就顺利解决，司机会很快下车，视事故的实际情况，以一种友善的态度来协商解决。日常生活中我们常看到这种现象：两车擦碰，司机互相指责。于是，后面的车辆不能前行，交通严重堵塞。

生活是一面镜子。当你面带友善走向镜子时，你会发现，镜中的那个人也正满怀善意地向你微笑；当你以粗暴的态度面对它时，你会发现，镜中的那人也正向你挥舞拳头。人生在世，请拥有一颗友爱之心，保留一份友善之情吧！

批评的话，请温和点说

> 强硬地当面指责别人，只会造成对方顽强地反抗；而巧妙温和地暗示对方注意自己的错误，则会受到爱戴。

很多人在开始批评之前，都先真诚地赞美对方，然后一定接一句"但是"，再开始批评。例如，要改变一个孩子不专心的态度，我们可能会这么说："孩子，我们真以你为荣，你这学期成绩进步了。但是假如你代数再努力点的话，就更好了。"

在这个例子里，孩子可能在听到"但是"之前，感觉很高兴；而听到"但是"之后，马上会怀疑这个赞许的可信度。对他而言，这个赞许只是批评他失败的一条设计好的引线而已。可信度遭受到曲解，我们也许无法达到我们要改变他学习态度的目标。

这个问题只要把"但是"改为"而且"，就能轻易地解决了。"我们真以你为荣，孩子，这学期你的成绩进步了，而且只要你下学期继续用功，你的代数成绩就会比别人高了。"

第五章
贴心交谈，把每句话都说到他人心坎儿里

这下子，孩子就会接受这份赞许，因为没有什么失败的推论在后面跟着。我们已经间接地让他知道我们要他改变的行为，更有希望的是，他会尽力地去达到我们的期望。

在美国后备军和正规军训练人员之间，最大不同的地方就是理发，后备军人认为他们是老百姓，因此非常痛恨把他们的头发剪短。

当陆军第542分校的士官长哈雷·凯塞带了一群后备军官时，他打算自己解决这个问题。跟以前正规军的士官长一样，他可以向他的部队吼几声或威胁他们，但他不想直接说出他想表达的意思。

他语气平静地开口了："各位先生，你们都是领导者。当你以身教来领导时，那再有效不过了。你必须为追随你的人做个榜样，你们该了解军队对理发的规定。我现在也要去理发，而它却比某些人的头发要短得多了。你们可以对着镜子看看，你要做个榜样的话，是不是需要理发了，我们会帮你安排时间到营区理发部理发。"

结果出奇地好。有几个人自愿到镜子前看了看，然后下午就到理发部去按规定理发了。第二天早晨，凯塞士官长讲评时说，他已经看到，在队伍中有些人已具备了领导者的气质。

对于那些对直接批评会非常愤怒的人，间接地让他们去面对自己的错误，平和地批评会有非常神奇的效果。

1887年3月8日，美国最伟大动人的牧师及演说家亨利·华德·毕奇尔逝世。毕奇尔的影响力是巨大的，如同日本人所说，他改变了整个世界。就在这个周末，莱曼·阿伯特应邀向那些因毕奇尔的去世而哀伤不已的牧师们演说。他急于做最佳表现，因此把他的演说词写了又改、改了又写，并像大作家居斯塔夫·福楼拜那样

沟通的艺术

谨慎地加以润饰，然后他读给妻子听。写得很不好——就像大部分写好的演说一样。

如果她不够了解自己的丈夫或不懂得说话的艺术，她也许就会说："莱曼，写得真是糟糕，行不通。念起来就像一部百科全书似的，你会使所有的听众都睡着的。你已经传道这么多年了，应该有更好的认识才是。看在老天爷的分上，你为什么不像普通人那样说话？你为什么不表现得自然一点？如果你念出像这样的一篇东西，只会自取其辱。"

然而，她并没有这样做，因为她知道这样做的不良后果。所以，她只说，这篇讲稿若登在《北美评论》杂志上，将是一篇极佳的文章。换句话说，她称赞了这篇讲稿，但同时很巧妙地暗示出，如果用这篇讲稿来演说，将不会有好效果。莱曼·阿拉特知道了她的意思，于是他把细心准备的原稿撕破，后来讲道时甚至不用笔记。

给人玫瑰，手有余香。批评也能同赞美一样受人欢迎，那就必须有温和的态度和真诚帮助他人的心。

第六章

说真诚的话,让他人感受到
你的坦率

谅解的话，要在适当的时候说

> 谅解是一缕和煦的阳光，能消融凝结在人们心头的坚冰；谅解是一股轻柔的春风，能把炎热带出干渴的心灵；谅解是一颗种子，能让每一片心的土地四季常绿。

谅解，其实是我们内心所发出的呼唤，是一种令人生敬的呼唤，它需要我们在适当的时候，真诚地说出来。一位伟人意味深长地说：同志之间的谅解、支持与友谊比什么都重要。先哲们早就认识到了这一点，圣人孔子曾说："己所不欲，勿施于人。"意思就是说无论做什么事，都要推己及人、将心比心，以自己的感受去体谅别人的感受，以自己的处境去推想别人的处境。这种以己推人的思想就包含了理解他人、谅解他人的深刻含义。唐代韩愈在《原毁》中说："古之君子，其责己也重以周，其待人也轻以约。"显然，他是在强调做人要严于律己、宽以待人，同样体现了人际交往中的谅解精神。

拿破仑在长期的军旅生涯中，养成了体谅他人的美德。作为军

第六章
说真诚的话，让他人感受到你的坦率

队的统帅，批评士兵的事经常发生，但每次他都不是盛气凌人责备士兵们的错误，而是能够很好地照顾他们的情绪。士兵们往往对他的批评欣然接受，而且充满了对他的热爱与感激之情，这就大大增强了军队的战斗力和凝聚力，使他率领的部队成为欧洲大陆的一支劲旅。

在征服意大利的一次战斗中，士兵们都很劳累。拿破仑夜间巡岗查哨，发现一名巡岗士兵靠着大树睡着了。他没有喊醒士兵，而是拿起枪替他站起了岗。大约过了半个小时，哨兵从沉睡中醒来，认出了替他站岗的拿破仑，因此十分惶恐。

拿破仑却和蔼地对他说："朋友，这是你的枪。你们艰苦作战，又走了那么长的路，你打瞌睡是可以谅解的。但是目前，一时的疏忽就可能断送全军。我正好不困，就替你站了一会儿，下次你一定要小心。"

哨兵听了这话，内心十分感动。

拿破仑对待睡觉的哨兵没有大声训斥，没有摆出领导的架子，而是用真诚的话语谅解了哨兵犯的错误。他的一番言语像春风一样，吹走了那些不愉快。

谅解在我国传统的伦理道德观念中，一直占有重要的位置，是为人处世的重要原则。如春秋五霸之首的齐桓公谅解并重用曾险些射死自己的管仲，从而成就霸业；唐太宗李世民多次谅解直言进谏、敢于冒犯皇帝尊严的魏征而能成为一代明君；蔺相如谅解多次羞辱自己的廉颇，留下"将相和"的美谈……

谅解需要一份释然，一份包容，需要我们宽广的胸襟。一个人只要你能真心谅解他人的过失和现状，对方定会被你的真情所感，

彼此之间很容易就建立起亲密和谐的人际关系。

　　王会大学毕业后，应聘到了一家广告公司工作。公司规模很小，连老板在内还不到10个人。办公条件也很差，只有一间阴暗的办公室，几台陈旧的电脑。与实力雄厚的大公司相比，他们太缺乏竞争力了。因为王会刚毕业，缺乏实际的工作经验，没少受到老板的批评。王会心里很不是滋味，甚至有跳槽的想法。后来因为经营不善，王会来这里还不到一年，公司的经营已濒临绝境，员工们一连几个月领不到工资，大家纷纷跳槽而去，最后只剩下了老板和王会两个人。老板动情地对王会说："真是委屈你了！"王会反而开导老板："什么也别说了，只要你的公司开一天，我就一天不离开这儿。"没被任何困难吓倒的老板，被王会的话感动得热泪盈眶，就这样，他们成了患难与共的朋友。在他们两人的共同努力下，公司的经营状况逐渐有了改善。随后公司不断地发展壮大，短短四五年时间，就跻身当地广告业十强之列。如今的王会已成为公司的股东之一，而他和老板的友情也经受住了时间的考验，越来越深了。

　　让我们在心灵的花园里，采撷一朵绚丽的谅解之花，送给曾经伤害过我们的人，珍藏那声迟来的"对不起"，那份真诚的歉意，化干戈为玉帛，视仇恨为友好，赢得彼此的谅解。卸下心灵的重负，你会发现，原来生活是那般的美好。

　　多一句真诚的谅解，便会多一份快乐；多一句真诚的谅解，便会多一份洒脱。让我们宽广的胸怀给万物一份谅解，那么，生活便会充满宜人的绿荫。

第六章
说真诚的话，让他人感受到你的坦率

他人的苦话，请分忧着说

> 友谊，是心灵与心灵之间的交换；当他人不开心时，千万别忘了在对方哭泣的时候递上一条手帕。用自己的温暖驱散他们心头的阴霾——分担他人的痛苦，也是一种关爱，更是一份责任。

在一个周末，凯瑟琳一个人到大海边欣赏大海的美景，借以消除一周来工作的疲劳。在一个礁石旁边，她突然发现了一个20岁左右的女孩子独自一人神色黯然地坐在礁石上。凯瑟琳感到好奇，就主动上前问话，想知道女孩子到底发生了什么事。但女孩子并不愿意理她。凯瑟琳继续温柔地说：“虽然你心情非常糟糕，让你显得有些忧愁，但你依然很美。你有什么伤心痛苦的事情，可以跟我说说吗？”

女孩子想了一会儿，就真的跟凯瑟琳倾诉了起来。当她说得动情时，还流下了眼泪。凯瑟琳给她的一直是真诚的眼神、用心的倾听和适当的点头。凯瑟琳的聚精会神,让女孩子感觉到了一种关注和理解。最后,女孩子还说,自己今天来海边,就是想结束自己的生命。因为她爱上的那个人,事业有成后就把她抛弃了。

凯瑟琳听了后,不但为她感到唏嘘、忧伤,还气愤地大骂那个男人有眼无珠。最后,她真诚地鼓励女孩:"你放心吧,天底下好男人多的是,你一定会找到一位责任心强且很有爱心的男人的。你看你长得多漂亮,连我这样的女人都喜欢你,更何况是男人呢。所以,你一定要振作起来。"

最后,女孩用极其感激的语气对凯瑟琳说:"从来没有人和我说过这么多话,我感觉到今天才算是真正地发现了自己。我现在才相信,活下去会是很美好的。"

是的,每个人都希望获得别人的真诚关怀、理解和尊重。大多数时候,一句真诚的赞美,可能只花说者一分钟时间,但对于听者,可能会影响一天、一年甚至一生。

俗话说,"人心换人心",你若想别人关心、尊重你,你就必须对别人也付出一份真心。这也是获得朋友的秘诀。所以,你要是希望朋友关心你、体谅你,就必须先用一颗真诚的心对待朋友,先替朋友分担忧愁。

俗话说,人生不如意者十之八九。工作不顺,感情受挫,家庭不睦,都是让人痛苦不堪的事情。然而,心情不好的时候,找个人倾诉,发泄一下情绪,心里就要舒坦很多;朋友遇到了麻烦,帮对方出出主意,安慰安慰,朋友的路就要好走一些。生活经验告诉我们:人生的痛苦会在这种相互倾诉、安慰和分担中变得越来越淡,

第六章
说真诚的话，让他人感受到你的坦率

越来越轻——分担的痛苦是减半的！

几年前，单位减员，王梅因身体的缘故而下岗。想着自己只念过初中，学历不高，身体又不好，王梅痛苦不堪，不知道出路在哪里。拨通好友文丽的电话，还没开口，她便忍不住哭了起来。文丽不清楚出了什么事，在电话里哄着王梅："不哭不哭，我马上打的来你家。"没多长时间，文丽便火急火燎地赶来了。得知王梅下岗的消息后，她才长吁了一口气，说："你呀，活活把我急死了，还以为出了什么大事呢，不就是下岗吗？活人能让尿给憋死？嘿，还哭成这个样儿！"王梅哭丧着脸说："你是站着说话不腰疼，我一没学历，二没本钱，到哪去找工作啊？"文丽却拉着王梅走进书房，一边翻一边连珠炮似的说："你原来写的那些东西呢？你不是想当作家嘛，这不正好给了你机会。写吧写吧，当自由撰稿人，坐在家里收钱，多牛啊！"说完，还用右手大拇指对着王梅一个劲地鞠躬，王梅终于被她逗笑了。

后来，文丽收集了很多报刊送给王梅，细心地把上面的征文信息标示出来，鼓励王梅投稿；出差在外，文丽也不忘给王梅打电话，说哪个城市的哪个杂志办得不错，可以试一试。王梅的文字终于发表了，文丽立即打来电话表示祝贺："嘿，我刚刚看了你写的《朋友是一面镜子》，写得真好！""哎，我读了你的《送你一朵勿忘我》，眼泪都出来了。"文丽的电话使王梅对自己越来越自信。有时候王梅想，生命中有文丽这样的好友一路相陪，替己分忧，真是幸福！

在我们的人际交往中，默默地倾听，静静地陪伴，一句贴心的话，一些真诚的鼓励，就能逼着忧伤逃亡，为朋友分担痛苦；把痛

苦告诉朋友，自己的心境会变得豁达起来，更能寻得一个避风的港湾，求得一份人生的解脱——在那里，友谊的海水会稀释痛苦，快乐的海风会把痛苦慢慢吹散。

人生的道路不平坦，逆境有时会多于顺境。不幸的事，人人难免。身处逆境，面对不幸，当事者不仅本人需要坚强起来，也迫切需要别人的安慰。人是社会的、合群的和有感情的高级动物。痛苦再加孤寂，痛苦倍增；痛苦有人分担，痛苦减半。患难见真情，安慰如雪中送炭，能给不幸者以温暖、光明和力量。给予不幸者以安慰，是为人处世的一种美德；当朋友遭到不幸时，及时送上真诚的安慰，更是你应尽的责任。

不过，为别人分担痛苦和忧愁，也要讲究方法。

在探望身患重病的朋友时，你不必过多谈论病情。有关的医疗知识，医生已有所交代和说明，无须你再多言。如果对方本来就背着重病的精神包袱，你再谈及过多，势必包袱加重。你应该多谈谈病人关心、感兴趣的事，以转移对方的注意力，减轻精神负担。如能尽量多谈点与对方有关的喜事、好消息，使他精神愉快，更有利于早日康复。医生送去治疗身体的良药，挚友送去温暖人心的情感，都是根治病患必不可少的。

对于因生理缺陷或因出身、门第被人歧视的朋友，由于不幸的原因有些是先天的，并非全是人为的，你劝慰他时应多讲些有类似情况的名人的成功事迹，鼓励他不要向命运屈服，争取人生的幸福，实现人生的价值。

在安慰丧失亲人的朋友时，你不要急于劝阻对方的恸哭。强烈

第六章
说真诚的话，让他人感受到你的坦率

的悲痛如巨石积压在心头，愈久愈重，不吐不快，如果让其宣泄、释放出来，反而会令其如释重负，有利于较快恢复心理平衡和平静的状态。你应当注意倾听对方的回忆、哭诉，并多谈谈死者生前的优点、贡献，以及人们对他的敬仰、怀念。死者的生命价值越高，其亲属就会愈感宽慰。

对于胸怀大志而又在事业上屡遭挫折、失败的朋友，最需要的是你对其强烈的事业心的充分理解、支持。对于他们，理解应多于抚慰，鼓励应多于同情，须知怜悯是变相的侮辱，敬慕才是志同道合的表现。你不必劝慰对方忘掉忧愁、痛苦，更休想说服对方随波逐流，放弃他的理想、追求。最好的安慰，是帮助对方总结经验教训，分析面临的诸多有利和不利的条件，克服灰心丧气的情绪，树立必胜的信念，并共同探讨到达事业顶峰的光明之路。这就要求你对他所从事的事业有一定的了解，称得上是名副其实的知音。

中华民族是勤劳、勇敢又善良、重情义的民族。在我们民族的语言中就有如"比上不足，比下有余""谋事在人，成事在天""塞翁失马，焉知非福""大难不死，必有后福""失败是成功之母"等一大批专用于安慰、鼓励不幸者的谚语、格言和典故，在民间流传千百年，至今仍然经常被用来安慰不幸者。只要你多加积累，满怀真诚，当朋友身遭不幸时适当表达，将关切送给朋友，你的朋友一定感触良多，你们的友情将更加清纯。

有一句话常用来形容人事沧桑，我们拿它来解释朋友之间的相处之道，也颇合宜——"眼看他起高楼，眼看他楼塌了"，但不管他楼起、楼塌，是真朋友就长伴左右，绝不因对方的穷富而改变人

情的冷暖。换言之，别人起高楼，你要有为他祝福、欣赏他能力的胸襟；当他时运不济时，你可别幸灾乐祸，而要以实际的行动安慰、鼓励对方。

如果说，你能将关心、体贴的心意建立在这种牢固的基础上，你对别人的关心和体贴才是真心诚意的，别人也才会以真心来回报你。古语不是有"路遥知马力，日久见人心"的话吗，只有真情才能历久弥新，使友谊的芬芳愈陈愈香。如果你始终以同样的一颗赤子之心与人相处，还怕没有朋友吗？

第六章
说真诚的话，让他人感受到你的坦率

责怪的话，换作鼓励说

> 话语是柄双刃剑，说得好可激励人，催人奋发；说得不好又可伤害人，使人消沉。人人都爱听好话，所以责怪的话要转向鼓励说。

怎样才能鼓励他人奋进？

派克·巴洛特是法国国家马戏团的著名驯兽师。他有一个指导狗表演的节目非常受人欢迎。他训练狗的样子特别有意思。旁人会发现，当狗有了一点点的进步时，派克·巴洛特便会去拍拍它，夸奖它，还给它肉吃，并逗它一阵子。

当然，这并不是什么新鲜的玩艺儿，因为几个世纪以来，大多数驯兽师都采用这样的方法去训练动物。但是，难道这对我们真的没有很重要的启发吗？

为什么我们要改变别人时，不用赞扬鼓励去代替斥责呢？就像训练小狗一样，即使它获得了一点点哪怕是最小的进步，我们都可以给予它赞美和激励。事实上，只有激励才会让人们更有效地不断进步。斥责也许可以让人们进步，但效果不会太好，而且肯定不适合大多数人。

如果你要对你的孩子、另一半或者下属员工们说他在某一件事情上显得很笨，很没有天分，那么你就是做错了，因为那等于毁了对方所有要求进步的心。你可以用相反的方法，宽宏地鼓励他们，令事情看起来很容易做到，让他们知道，你对他们做这件事的能力完全有信心，其才能还没有发挥出来。听到这样的激励，他们往往能够超越自我。

前美国总统柯立芝就是一位处理人际关系的高手，他会给别人勇气与信心，使人充满了自信。有一次，他与汤姆金斯夫妇一起去度周末，并邀请大家一块儿参加他们的桥牌友谊赛。桥牌对于汤姆金斯而言，是一个全然陌生的游戏，他对它的规则一点儿也不了解。

柯立芝对他说："汤姆，为什么不试试呢？除了需要一些记忆与判断能力外，它没有什么技巧可言。你曾经对人类记忆的组织有过深入的研究，因此，打桥牌对你来说，一点儿也不难。"

汤姆金斯还没有意识到什么的时候，已经被柯立芝拉到了桥牌桌前。汤姆金斯后来回忆道，他发现自己有生以来第一次参加桥牌比赛，完全是因为柯立芝给了自己信心，使自己觉得打桥牌不是一件难事。柯立芝也给自己带来了一个足以改变人生的哲理，那就是，要是能够恰当地使用鼓励的方式，就可以在对方接受的前提下，指出对方的不足，却令其有信心去面对错误与不足，然后改变它。

称赞对于温暖我们的灵魂来说，就好像是阳光一样，如果没有

第六章
说真诚的话，让他人感受到你的坦率

它，我们就很难成长、开花和结果。但是，我们大多数人只是敏于躲避别人的冷言冷语，却总是吝于把赞许的温暖阳光给予别人。

很多年以前，一位10岁的男孩子在拿坡里的一家工厂里打工。他的梦想是将来做一名歌星。但是，他的第一位老师却泄了他的气。他说："你不能唱歌，你根本就五音不全，简直就像风在吹百叶窗一样。"

然而，他的妈妈，一位穷苦的农妇，却用手搂着他并称赞他说，她知道他能唱，她觉得他每天都在进步，她要节省下每一分钱，好让他去上音乐课。这位母亲的激励，令这个孩子的一生为之改变。他的名字叫恩瑞哥·卡罗素，后来成了他所在时代最伟大最知名的歌剧演唱家。

换种说法，对母亲而言，是一腔苦心和爱心；对儿子来说，却是一条正道，一个光明的未来。如果这位母亲不把老师的话变换一种说法，不是用欣赏、赞美的语言来鼓励和支持儿子，那么，很可能网吧里会增加一个厌学逃学的网虫，社会上会增加一个自暴自弃的小混混。

如何让别人不断前进呢？用赞扬代替批评。当批评减少而多多鼓励和夸奖时，人们所做的好事会增加，而比较不好的事情会受忽视而萎缩。每个人都渴望受到赏识和认同，并会不惜一切地得到它。当然，我们鼓励别人，必须是真诚的，或者至少看上去真诚。

任何人的能力，都会在批评下萎缩，却能在鼓励下绽放。因此，要希望对方做到某一件事情，那么，就赞美其最细小的进步，而且是每一次的进步。每个人都需要诚恳的认同和慷慨的赞美。

虽然"良药苦口利于病,忠言逆耳利于行",但人总是好甜不好苦,往往喜欢听好话和美言,听不进逆耳忠言。这时候,换种说法,让忠言变得顺耳、中听,就容易让人接受,从而达到"利于行"的目的。

第六章
说真诚的话，让他人感受到你的坦率

演讲的话，带着浓情说

> 要使演讲拨动人心，除了调动情感激流、生动事例、幽默妙语之外，很重要的一个方面就是要注重情感与理性的升华点。这种升华点往往体现了演讲内容的思想价值和审美品位，是演讲内容闪光的灵魂所在。

演讲过程中，听众的注意力、理解和记忆选择性，很大程度上是由感情因素决定的。

林语堂曾说："对中国人来说，一个观点在逻辑上正确还远远不够，它同时必须合乎人情。"其实何止是中国人，只不过中国人更加重视罢了。

演讲者充沛的感情可以通过他的肢体动作、面部表情、语调高低、口气轻重、语速快慢表现出来，但最重要的还是要以语言为载体传达出来。

一篇演讲，无论内容如何丰富，语言怎样准确、清楚、简洁、明了，如果缺乏情感，那还是很难打动听众。俗话说"晓之以理，动之以情"，成功的演讲不仅能把道理说得清楚明白，使听众不得不信服，而且还能以自己真挚的感情感染听众，引起听众的共鸣，使听众心悦诚服地接受演讲者的思想感情。

情感的表达既要靠语意，也要靠语音。因此，一些演讲名家，他们在遣词用语的时候，总是字斟句酌，选用那些适合表现思想内容，蕴含着炽烈情感的语言，并以这些带有强烈感情色彩的语言，来叩动听众的心扉，引起共鸣。

林肯总统是一位具有过人的演讲才能的政治家，他1863年11月29日的葛底斯堡讲演词，直到今天不论任何大文豪仍不能在这篇名文上增加一词，仍被人们当作模范讲演词。

这篇简短的讲演词之所以被世人所称赞，成功之处不仅在于其以简短为妙，更重要的是注入了林肯的情感。让我们重温一下林肯的这篇讲演词吧。

87年前，我们的祖先在这大陆上创造了一个新的国家，她在自由之中成长，并为人人生而平等的主张而献身。

如今我们已从事一场伟大的内战，考验这个国家，或任何一个有这种主张和这种信仰的国家，能否长存于世。

我们在这战争的战场上聚会，奉献出战场的一部分土地，作为那些为国家生存而捐躯的人的最后安息之所，这全然是必须而正常的，也是我们应该做的。

世人不太会注意也不会太长久记忆我们此刻所说的话，但永远不会忘记，他们在这里所做的一切。

第六章
说真诚的话，让他人感受到你的坦率

我们面对这些光荣为国家奋斗牺牲的人，我们更应该发挥我们的爱国热忱。换句话说，我们绝对不能让这些爱国者白白牺牲，我们要祈求我们的国家在上帝保护之下，能获得更新更大的自由。

我们只要能树立起民有、民治、民享的理想政治，我们的国家就不会从地球上灭亡。

整篇演讲只用了不到五分钟，却给听众留下了深刻的记忆。林肯简短的演讲词之所以激发人心、具有强烈的感染力，主要有三方面的原因。首先是林肯站在听众立场上说话，每段开头、中间、末尾都离不开"我们怎样"，用他的切身体会来表明他对人民的关心、爱护；其次是语言的真诚朴实，乃是发自内心的肺腑之言，道理虽简单，听众却有如饮甘泉的畅快感觉；再次是林肯对民众的热爱促使他把听众当作上帝，通过语言的力量团结人民，为美国的解放而斗争。

总之一句话，林肯把感情投到演讲的主题和内容上，并适当地通过有声语言把这种感情表现出来，产生了心理的共振效应，达到了演讲预期的交流、鼓动和说服的目的。

前英国首相丘吉尔素以非凡的雄辩天资和演说能力闻名遐迩。在第二次世界大战期间，他以出色的军事才能领导了英国对法西斯德国的斗争，其间发表了许多演讲，对鼓舞英国军民和全世界人民奋勇抗战具有重大意义。1941年6月，苏德战争爆发。尽管丘吉尔是一个一贯仇视苏联社会主义制度的资产阶级政治家，但在当时的情况下，他审时度势，认识到要消灭德国法西斯，就要团结一切反法西斯力量，支持一切受法西斯迫害的国家和人民，否则将重蹈绥

靖政策的覆辙。用他自己的话说:"如果希特勒入侵地狱,我至少也要在下院发表一篇同情魔王的声明。"为了向全国表明他的态度,丘吉尔通过广播发表了著名的关于希特勒入侵苏联的广播演说:

"……希特勒是个十恶不赦、杀人如麻、欲壑难填的魔鬼,而纳粹制度除了贪得无厌和种族统治外,别无主旨和原则。它横暴凶悍,野蛮侵略,为人类一切形式的卑劣行为所不及。

"过去的一切,连同它的罪恶,它的愚蠢和悲剧,都一闪而逝了。我看见俄国士兵站在祖国的大门口,守卫着他们的祖先自远古以来劳动的土地。我看见他们守卫着自己的家园,他们的母亲和妻子在祈祷——啊,是的,有时人人都要祈祷,祝愿亲人平安,祝愿他们的赡养者、战斗者和保护者回归。

"我看见苏联数以万计的村庄正在耕种土地,正在艰难地获取生活资料,那儿依然有着人类的基本乐趣,少女在欢笑,儿童在玩耍,我看见纳粹的战争机器向他们碾压过去,穷凶极恶地展开了屠杀……我还看见大批愚笨迟钝,受过训练,唯命是从,凶残暴戾的德国士兵,像一大群爬行的蝗虫正在蹒跚行进。"

这里一美一丑的生动刻画,对照鲜明,字里行间充满着对法西斯令人发指罪行的控诉,对灾难深重的人民的同情,饱含演讲者激情的语言使一切正义、善良的人们对侵略者更加深恶痛绝,对受害的苏联人民及其国家更加同情并抛弃一切旧有的偏见。正所谓"感同身受",丘吉尔自身鲜明的爱憎,通过他流畅的语言表达出来,产生了强大的感染力。

接着他以准确有力的语言,阐述了英国所要采取的政策和所要达到的目标。丘吉尔以战略家的眼光看到了这次大战的世界性：

"这不是阶级战争。这是一场整个大英帝国和英联邦，不分种族，不分信仰，不分党派，全部投入进去的战争。希特勒就要迫使西半球屈服于他的意志和他的制度了，而如果做不到这一点，他的一切征服都将落空。"

丘吉尔通过演说，晓之以理，动之以情，对动员英国人及世界人民大力援助苏联，彻底打败德国法西斯具有重要意义。他在演讲的最后说：

"因此，苏联的危难就是我们的危难，也是美国的危难，正如苏联人为保卫家乡而战的事业，是世界各地的自由人民和自由民族的事业一样。让我们吸取通过残酷的经验得来的教训吧。让我们加倍努力，只要一息尚存，力量还在，就齐心协力打击敌人吧！"

这诚恳真挚、感情热烈的号召极为鼓舞人心，我们今天似乎还依然感觉到余音不绝于耳。

关怀的话，真诚地说

> 人类是高级感情动物，在做事情时，往往是由感性来支配理性的。因此，我们很有必要在与别人交流与沟通的时候，表露出我们的真诚，以达到相互之间信任的效果。

现代社会，无论是做什么事情，我们都希望获得双赢甚至多赢的结果，那么，真诚地关怀他人，必将会对此有着巨大的帮助。

1986年的菲律宾大选中，科·阿基诺战胜了马科斯。科·阿基诺成功的一个重要原因，就是她的竞选演说词充满了情感与真诚，极富感染力，并且牢牢地抓住了听众们的心："可怜可怜我们的国家吧！可怜可怜我们前途暗淡的孩子们吧！让我们结束他们的苦难。我呼吁你们，帮助我推翻马科斯政权……"

最会说话的人，通常都非常真诚，他们往往站在对方的角度，首先为对方着想。关心和关怀他人，是最会说话的人的一个重要特点。

第六章
说真诚的话，让他人感受到你的坦率

美国著名的推销员乔治·赫伯特成功地把一把斧头推销给了当时的美国总统小布什。为什么乔治·赫伯特能够做到呢？

当所有人都认为不可能把斧头卖给小布什时，乔治·赫伯特却认为："把斧头卖给小布什总统是完全可能的，因为他在得克萨斯州有一座农场，那里长着很多树。于是我便给他写了一封信。"

"我在信中是这样写的：尊敬的先生，有一次，我有幸参观您的农场，发现那里长着许多矢菊树，有些已经死掉，木质也变得松软了。我想，您一定需要一把小斧头。不过，从您现在的体质来看，市面上的小斧头显然太轻，因为您仍然需要一把不是怎么锋利的老斧头。现在，我这里正好有一把这样的斧头，它是我爷爷留下来的，十分适合于砍伐枯树。价格上，只要15美元即可。如果您有兴趣，请按本信所留下来的信箱地址，给予回复……

"很快，小布什总统就给我汇来了15美元。"

乔治·赫伯特的成功，不但有其充满强烈信心的原因，更重要的是，乔治·赫伯特能站在小布什需要的角度，用关怀的意愿和关怀的语言作为出发点，真诚地打动了小布什的心。关怀的话要想打动他人，就要出于真诚，发自内心真诚的语言才能真正地让人感动，让人信服。

第七章

言多必失，别什么话都说

沟通的艺术

带刺的话，请过滤后说

> 带刺的话，谁都不爱听。不仅不爱听，而且还会伤害人际关系。因此，我们平时说话，千万别让你的话带刺。

"杨老师，我可以和你谈谈吗？"正在批改作业的杨老师抬起了头。是他，班中的"问题分子"！杨老师心中不由得有了几分戒备，不知今天又有什么问题。

"有事吗？"杨老师放下笔，起身搬过一张凳子，"坐吧，慢慢说。""我想知道，我在你心中有多坏？"他仍旧站着，垂着眼，满脸的懊丧。

他怎么会有这种想法呢？杨老师心中很是纳闷。"虽然你有时会发发脾气，但我并不觉得你坏啊。没有哪个同学是坏的。"

"那你为什么对别的同学说，不要像我这样，别跟我学坏了？"他的眼睛红了。杨老师在脑海里迅速搜寻记忆，噢，原来是那一次！

第七章
言多必失，别什么话都说

他是个爱惹事的男孩，他会拿手指头戳别人，抢走别人的橡皮，或是讲几句挑衅的话，令老师们很头痛。一次，一个平时很文静的男孩还没完成作业就和他打闹。杨老师一时生气就说："不要学……别跟他学坏了！"当时只是一时气话，并未留心如此伤他的心。

杨老师立刻意识到自己犯了个大错，他的言语伤害了孩子那稚嫩的心。尽管这个学生很调皮，甚至任性，不听教导，但是，他同样有强烈的自尊心。在孩子心中，好人、坏人是多么分明的形象啊！其实，这个学生的内心也希望自己是个好学生，受老师表扬，被同学喜欢，但是，老师的这一个"坏"字，会浇灭他所有希望的火花。

"对不起，老师向你道歉。"杨老师的眼睛也湿了，是自责与心痛。事后，杨老师静下心来回顾当班主任的经历，在这期间，由于很多原因，他心烦过、生气过、暴躁过，不经意间，说过什么不该说的话吗？伤害了多少小孩的心呢？杨老师觉得该感谢这个男孩，他让自己及时发现了错误。

晨会课上，杨老师向全班同学真诚地道了歉，并提出希望，让老师和学生的言行都更加文明，让班级充满友谊、关爱和尊重，少一点对立、责备和伤害。

岂止一个班级，我们整个社会其实都需要过滤掉话中的"刺"。

在我们日常生活中，带刺的话，存在于对手间、仇人间，也存在于婆媳间。在此我们就以化解婆媳间的话中刺为例，说说如何过滤话中的"刺"。

都说儿媳妇难当，老婆婆难当，其实有时丈夫和儿子这个双重角色最难当。

那么，若是家庭中出现了婆媳矛盾，要想成功地扮演好丈夫和儿子这个双重角色，他的语言将会起到至关重要的作用。因为如果他善于说话，善于过滤婆媳双方话中的"刺"，常常能够很好地协调、处理好妻子同母亲之间的关系，消除家庭矛盾，增强家庭凝聚力。具体的做法有许多种，这里介绍几种简单有效的方法。

一是做好"传话筒"。

由于丈夫和儿子这个特定的双重身份，母亲和妻子都会对他十分亲近。当她们之间产生矛盾的时候，都愿意将自己的想法向他吐露。作为丈夫和儿子，对这些信息决不可置之不理。但"理"并不是将一方的话简单地告诉另一方，那样无异于是在制造矛盾。而是要对这些想法进行处理，让对方可以接受，而不至于引起反感进而引发矛盾。这时，正确的处理方法是把自己看到的、想到的，用提示、当参谋等方式提出来。

比如，母亲说妻子早上起来太晚了，这时你就可以对妻子说："妈年龄大了，这一段时间又挺累，以后我们早些起来把饭做好。"妻子说，母亲为家里买什么东西她都不知道。你可以对母亲说："妈妈，您儿媳妇买东西很有审美观点，再买东西可以请她帮您参谋参谋。"这样信息传递了，而且双方都没有想法，矛盾也就被扼杀在萌芽之中了。

二是不偏不倚。

由于丈夫和儿子的双重身份，所以他在家中的一言一行，妻子和母亲都是很敏感的。做得好，妻子和母亲都高兴；做得不好，就

第七章
言多必失，别什么话都说

会使妻子和母亲多心，产生矛盾。作为妻子与母亲最亲近的人，男人在其中的作用是不容忽视的。

首先，你对待父母要比结婚前更加尊重，特别是在妻子面前更要注意。家中的事情主动与父母商量。关心父母的生活，而且还要注意老人的精神赡养，在言语上多关心体贴他们。

其次，妻子家里来人，特别是岳父母来访，要十分热情。买些什么东西，带些什么东西，都要你首先说，主动去办。

最后，逢年过节给双方父母家买礼物一定要一碗水端平，不偏不倚，两家一样，否则自己的父母和妻子都会认为你偏心，你就会两边不是人。所以给双方礼物一样，才能不落下话把儿。

三是多做"和事佬"。

在一个家庭生活久了，即使与自己的亲生父母也难免会产生矛盾。但由于与自己的亲生父母有血缘关系，即使产生了矛盾不去解决，照样还是至亲骨肉。但婆媳之间的矛盾却不能等同视之。俗话说"舌头没有不碰牙的时候"，若是婆媳拌了嘴，在这种情况下，而你作为丈夫和儿子绝不能参与其中，帮一方责一方。正确的做法应该是：婆媳之间有意见，最好在经过丈夫和儿子这个中间环节时把它化解掉。

首先，用诙谐的语言将其劝开，然后认真听她们诉说。一般说来，家庭琐事没有必要分谁是谁非，这样做的目的是让她们把心中的积怨都倾吐出来，取得她们的信任，暗示要帮助她们解决问题。

其次，当她们消气以后，分别肯定她们的一些正确做法，然后站在她们的角度上，设身处地地帮助她们分析哪些事情做得不对。

这样,她们都会感到,你为她们争了理,但同时又为自己某些做得不合适的地方而内疚。

最后,为了消除隔阂,加深她们之间的感情,在一些事情的处理上不妨做点"手脚"。比如,你可以买点好吃的东西给母亲送去,并且说:"您儿媳妇感到对不住您老,买了点东西想孝敬您,希望您能消消气。"然后提议晚上吃顿饺子。在吃饭时,对妻子说:"妈看你这几天不爱吃饭,特意包的饺子,多吃些吧!"这样,双方的心里都会热乎乎的。你敬我一尺,我敬你一丈,感情又和好如初,甚至比以前更好了。

四是求助他人。

家里有的事自己不便说,可以把意图透露给岳父母、妻子的姐妹或自家的姐妹,以及其他妻子和母亲很信任的人。这些人的话会更容易被妻子、母亲接受,做工作的效果会更好。

凡事经过丈夫和儿子这个双重角色的巧妙过滤,家庭会幸福和睦,你就会是妈妈心中的好儿子,也会是妻子心中的好丈夫。

第七章
言多必失，别什么话都说

两难的话，请模糊地说

> 模糊语言常用于不必要、不可能或不便于把话说得太实太死的情况，这种情况要求用表意上具有弹性的模糊语言解决问题。随机应变，尤其需要模糊语言。

两难话题是所有问题中最难解决的问题。之所以称其为"两难"，难就难在有两种可能的选择，无论哪一种选择，都有利有弊，让人们处于进退维谷的困境。能否解决两难话题，体现了一个人解决问题的能力。

许多人在跟朋友交谈时支支吾吾，或是不敢提出自己明确的观点，生怕自己会说错什么。其实朋友想要听的是你个人的看法，而不只是要你附和地回答："是的。"想有自己的独特风格，就应该尽量发表个人独到的见解，不能总是随声附和。不妨多应用些特殊或有个性的例子来表达自己的想法，即使遇到让你左右为难的问题或场面，用一些模糊言语回答也比随声附和要好。

沟通的艺术

例如鲁迅的《立论》一文。

我梦见自己正在小学校的讲堂上预备作文,向老师请教立论的方法。

"难?"老师从眼镜圈外斜射出眼光来,看着我,说。"我告诉你一件事——家人生了一个男孩,全家高兴透顶了。满月的时候,抱出来给客人看,——大概自然是想得一点好兆头。

"一个说:'这孩子将来要发财的。'他于是得到一番感谢。

"一个说:'这孩子将来要做官的。'他于是获得几句恭维。

"一个说:'这孩子将来是要死的。'他于是得到一顿大家合力的痛打。

"说要死的是必然,说富贵的是说谎。但说谎的得好报,说必然的遭打。你……"

"我愿意既不说谎,也不遭打。那么,老师,我得怎么说呢?"

"那么,你得说:'啊呀,这孩子啊,您瞧,多么……阿唷!哈哈!呵呵!呵,呵呵呵呵!'"

又如,某经理在给员工作报告时说:"我们企业内绝大多数的青年是好学、上进的。"这里的"绝大多数"是一个尽量接近被反映对象的模糊判断,是主观对客观的一种认识,而这种认识往往带来很大的模糊性。因此,用含糊语言"绝大多数"比用精确的数学形式的适应性强。即使在严肃的对外关系中,也需要含糊语言,如"由于众所周知的原因""不受欢迎的人"等。究竟是什么原因,为什么不受欢迎,其具体内容、不受欢迎的程度,均是模糊的。

平时,你要求别人到办公室找一个他所不认识的人,你只需要

第七章
言多必失，别什么话都说

用模糊语言说明那个人矮个儿、瘦瘦的、高鼻梁、大耳朵，便不难找到了。倘若你具体地说出他的身高、腰围精确尺寸，倒反而很难找到这个人。因此，我们必须至少在办事说话时放弃这样一种观念：太过准确总是好的。

解决两难话题，必须遵循以心换心的原则，真心对人，诚心对事，争取双赢，力求全胜。在某些原则问题上不能妥协，在具体操作中又要体现灵活性。对事，要坚持原则；对人，却要讲究人情。

爱情是浪漫的，花前月下，小河岸边，卿卿我我，此时很多人把恋人看得都很完美。有时明知道对方的某种缺点难为自己所接受，可指出来又怕伤害对方的感情，于是就装出一副菩萨心肠，一忍百忍。其实这和父母溺爱孩子一样，终究会酿成苦果的。所以，谈恋爱对恋爱艺术有很高的要求，既不能伤害彼此间的感情，也不能由着对方的缺点任其存在和发展。那么，年轻的恋人该如何指出对方的缺点，并使他（她）不会因此对你产生不满呢？

一是寓否定于含糊。

含糊其词在恋爱口才中意义非凡。女朋友穿一条裙子，自觉漂亮，在你面前得意地转了一圈后问你："美吗？"你不仅不认为美，还觉得有点难看，于是你可以含糊其词地回答："还好！"只要对方是稍有灵气的女孩，便能体会这句话的真正含义。

二是寓否定于肯定。

你的女友希望你给她买件像样的衣服，于是暗示你："瞧，人家的衣服多漂亮，是男友送的。"但你觉得这个季节她的衣服已经够多了，说不买，女友会觉得你很小气，怎么拒绝？于是你就可以这么说："的确美。不过我赞赏苏格拉底的一句话，'女性的纯正饰物是美德，不是服装'。"

话的表面并未拒绝，但对方绝不会认为你是同意了，问题在不了了之中解决，谁也不会感到难为情。像这种恋人的要求，你不赞同也不接受，可你的拒绝中就不能有否定词，但对方能辨出弦外之音，彼此都不会觉得难堪。

三是寓否定于感叹。

女友过生日，男友送她一套衣服，她不喜欢，因为艳了些。他问："喜欢吗？"女方若直截了当地回答："不喜欢，花里花气的，像什么样！"精心挑选过的他此时一定会觉得很伤心。女方若答："要是素雅些就更好了，我比较喜欢浅色的。"

这话的表面意思仿佛是：你买的好，不过若素雅些就更好了。表面肯定的背后是一句否定的意思，只不过说得委婉一些罢了。

四是寓否定于商量。

恋人希望你陪她参加朋友的一次聚会，可你觉得目前不便或不妥，于是你用商量的口气说："现在实在没时间，以后行吗？"显然，恋人此时的邀请，有她特定的意义，若以后还有什么意思呢？可你找到这样的借口，她也实在不好勉强。

否定和肯定是对立的两个方面。在恋爱中，肯定是恋人欢迎的，否定是难以接受的。但物极必反，有时小小的否定也可以收到好的效果。

五是寓否定于弦外之音。

第七章
言多必失，别什么话都说

现在的青年男女多数属于独生子女，从小就是家里的"太阳"。尤其是女孩子从小到大都是别人围着她转，恋爱后更觉得男友应该宠自己、爱自己，稍有不顺心，就发点脾气、使点性子，以显示自己的个性。

有些痴情的男子因为自己的某句话引起女友的不快，生怕得罪自己的"公主"，会忙不迭地赔礼道歉，更有甚者会贬低自己请求原谅，以示对恋人的忠贞。其实大可不必如此。这样只会放纵对方个性的发展，更不利于以后的相处。

某局长的千金小徐和本单位的小李谈恋爱时总是显示出某种优越感。因为小李是农家子弟，大学毕业分在局里做科员，没有什么靠山。有一次小徐到小李家做客，对小李家人的一些生活习惯总是流露出看不顺眼的情绪，并不时在小李耳边嘀嘀咕咕。吃过晚饭，小徐把小姑子使唤得团团转。小李看在眼里很不是滋味。他借机笑着对妹妹说："要当师傅先做徒弟嘛！你现在培训一下也好，等将来你嫁到别人家里，也好摆起师傅的架子来。"小李这么一说，小徐当时似乎听出了什么，过后不得不在小李面前表示自己有些过分。小李不失时机地用"要当师傅先做徒弟"的俗话来提醒小徐，避免了直接冲突。即使对方当时略有不满，过后也会有所感悟的。

六是寓否定于幽默诙谐。

幽默能使恋爱情趣盎然。当对方的所作所为引起自己的不满时，若运用俏皮逗趣的言谈，让对方不知不觉地体会你的心思，就可以让对方笑着接受自己的不满。

雅倩非常喜欢跳舞，男友小张偏是个好静的人，正准备参加本专业的自学考试，但常被她拉去看舞。雅倩有个很不好的习惯，不跳到舞厅关门不尽兴，久而久之小张就受不了。有一次，他们从舞厅出来已是夜里12点多了。小张说："你的慢四跳得很棒，我还没看够。你一路跳回宿舍怎么样？"雅倩撒娇说："你想累死我啊！"小张一副认真的样子说："不要紧，我用快三陪你跳。"雅倩扑哧一乐："亏你想得出，丢下我一个人也不怕我碰上流氓。"小张这时言归正传："那你在舞厅丢下我一个人也不怕我打瞌睡被人掏了包儿。"雅倩这时才知道男友压根没有兴趣跳舞，以后就有所收敛了。

　　相恋时双方的感情总是美好的。在不伤害对方感情的前提下，让对方接受你的不满，并且让他（她）知道，你是在爱他（她）而不是在恨他（她），这时发现对方缺点并及时地促其改正，也许会破坏一时的甜蜜气氛，但这却能让双方更默契、更成熟地踏上婚姻的殿堂。

　　值得提醒的是，模糊不是含糊不清，不是令人费解。"模糊"是指语义范围的边缘没有绝对明显的界限，而语义范围的中心区域是清楚确定的。比如"中午"这个词的意义是清楚的，即12点钟一定是中午。但"中午"起止时间的界限是模糊的，谁也不能说相差几分钟就不是中午。模糊和精确是相对而言的，交际中，我们应当根据现实的要求，对语言的模糊性做出控制，真正做到该出口时就出口。

第七章
言多必失，别什么话都说

玩笑话，要适当说

> 说话，要懂得言辞分寸，尽可能避免说出令人厌恶的话，倘若是为了营造欢愉、热闹的气氛而刻意制造幽默，却弄巧成拙地让人生气，那就得不偿失了。

有新闻报道，某派出所民警处理了一起殴人致伤事件，受害人居然是因为自己无意说了一句玩笑话。

据派出所民警介绍，几天前，三轮摩的司机朱某骑车到某修理厂维修，前后一起去的还有两位骑着人力三轮车收废品的徐某和王某。徐某和王某将三轮车搁在修理场上便去找老板谈生意，等他们出来时，发现三轮车不见了踪影，便问同在修理厂的朱某。"有个人骑着三轮车往黑山大桥方向去了！"朱某告诉他们。徐某和王某以为有人将三轮车偷走，当即打车追赶。其实，朱某知道，人力三轮车被修理厂一工人骑出去买菜去了。

"英雄白跑路"，还花了近20元的打的费。徐某和王某回来知道真相后，非常气愤，认为被朱某耍弄。任凭朱某怎么解释，徐某和王某仍难消心头怒火，抓住朱某将其打伤。经过城南派出所民警调解，徐某和王某为朱某赔偿医疗费，朱某以自己不该开那么大的玩笑而向对方道歉。

一句玩笑话，让年逾50岁的朱某遭来一顿暴打。本是开开玩笑，却酿成了纠纷。由此看来，开玩笑应该注意分寸，不要因为小小玩笑话而伤及对方，更别说是陌生人。

王科长下午要主持一个大型的企划会议，需要准备一些资料。于是，他就把这件事交给小陈去办，由于小陈处理这类事很有经验，没多久就把资料交给王科长了。

王科长翻阅着资料并慎重地问："这件事上面的人很重视，资料内的数字，你是不是都详细校对过？"

不料小陈却好像满不在乎地嬉笑着说："大概不会错吧！"

小陈的话说完，就见王科长把资料重重地往桌上一丢，并怒气冲冲地说："你都干什么了？怎么可以说大概呢？"

小陈觉得有些委屈，心想："开个玩笑也不行呀？"

明明是一句玩笑话，对方却信以为真，结果就造成说者不快、听者生气的后果。这种情形发生的原因，大致有下列三种。

一是以对方用心思考、重视的事开玩笑。

小陈的事例就是这种情形。王科长命令小陈替他准备资料，是以一种一丝不苟的态度，而小陈却嬉皮笑脸，毫不在乎。所以，王科长会动气发怒。

二是个性耿直的人经常会把别人的玩笑话当真。

第七章
言多必失，别什么话都说

三是对方有心事，没有心情听玩笑话。

由于焦躁不安、过度疲劳、精神过于紧张等因素，也会使一个正常人的精神或肉体陷入紧绷状态，而听不下任何玩笑话。

另外，有强烈自卑感和被害者意识的人，也是开不得玩笑的。

如此一来，或许你会怀疑："那么，玩笑话是说不得了吗？"一般而言，玩笑话大多具有使工作场所变得活泼，化解呆板气氛的功用。问题在于我们是否看准当时对方的心情罢了！

那么，开了不适宜的玩笑以后，该怎么弥补呢？

相传，纪晓岚中进士后，当了侍读学士，陪伴乾隆皇帝读书。

一天，纪晓岚起得很早，从长安门进宫。等了很久，还不见皇上到来，他就对同来侍读的人开玩笑说："老头儿怎么还不来？"

话音刚落，只见乾隆已到跟前。因为他今天没有带随从人员，又是穿着便服，所以没有引起大家的注意。

皇上听见了纪晓岚的话，很不高兴，就大声质问："'老头儿'三字作何解释？"

旁边的人见此情景都吓了一身冷汗。纪晓岚却从容不迫地跪在地上说："万寿无疆叫作'老'，顶天立地叫作'头'，父天母地叫作'儿'。"

乾隆听了这个恭维自己的解释，就转怒为喜，不再追究了。

纪晓岚成功地运用自己的机智和口才，随机应变，终于化解危机，帮助自己走出困境。纪晓岚正是运用了曲意直解，将对乾隆有不尊性质的"老头儿"三字巧释为"万寿无疆""顶天立地""父天母地"。这样不但化险为夷，而且变辱为恭。

沟通的艺术

在生活中也难免会遇到类似纪晓岚的尴尬，自然也需要适当的方法予以弥补。比如上面小陈的例子，既然上级已经生气了，如果他还默不作声，更容易造成对方的误解。

在气氛不对时，小陈应该把语气一转，用严肃和充满自信的口气说："科长您放心，这些资料绝不会有问题的。"

科长可能会问："那么，你刚才为什么说'大概'呢？"

"对不起。不过，请检查这些资料看看，一定不会有错的！"小陈说话时除了语气要有自信外，还要面带一点微笑。听了小陈的补充说明和看到他的态度后，王科长的心情和语气应该会缓和下来。

通常朋友间的谈话较不拘小节，即使夹杂些讽刺性的话或略带调侃时，彼此也会不以为然。不过，不论本意如何，适度地收敛这种行为是非常必要的，尤其在工作场所更应该多加注意。因为在工作场合自我意识较强，彼此间也难免有利害关系，哪怕只是一句无意的调侃之词，有时也会造成不愉快的芥蒂。因此，有些话是不能说的，有些玩笑是千万开不得的。

第七章
言多必失，别什么话都说

面试的话，请小心去说

> 面试就是一场智力游戏，是面试官和应聘者的一场智力比拼。面试者一定要小心谨慎地回答，以免掉入面试官提前设好的陷阱。

面试的过程就像一次相亲，应聘者希望找到一个能够了解自己优点的老板，用人单位则希望能找到优秀的合作伙伴。当陌生的双方相见之后，都想在短短的一席话中努力地表现出自己的优点，说出聪明的话或者立即呈现出很精彩的反应，以便给对方留下良好的印象。

面试官为了不"选错郎"，也许会在面试中设置各种语言陷阱，以考察应聘者的智慧、性格、应变能力和心理承受能力。所以，应聘者只有识破这些语言陷阱，才不会一头栽进去，才能巧妙地绕开它。

首先，用激将法遮蔽的语言陷阱。这往往是主考官用来淘汰大部分应聘者的惯用手法。采用这种手法的面试官，往往在提问之前就会用怀疑、尖锐、咄咄逼人的眼神逼视对方，先令对方的心理防线步步溃退，然后冷不防地用一个十分不友好的发问激怒对方。比如："你的经历太简单，我们需要的是具有丰富社会经验的人。""你的性格过于内向，这恐怕与我们的职业不合适。""我们需要名牌院校的毕业生，而你不是。""你所学的专业怎么与所应聘的职位不一致？"

面对这些咄咄逼人的发问，作为应聘者，首先要做到的就是无论如何不要被激怒。如果被激怒了，那么就已经输掉了。面对这样的发问，我们该怎样回答呢？

如果对方说："你经历太简单，我们需要的是具有丰富社会经验的人。"你可以微笑着回答："我坚信如果我有缘加盟贵公司，我将会很快成为社会经验丰富的人，我希望自己有这样的一段经历。"

如果对方说："你性格过于内向，恐怕与我们的职业不合适。"你可以微笑着回答："据说内向的人往往具有专心致志、锲而不舍的品质，另外我善于倾听，因为我感到应把发言机会更多地留给别人。"

如果对方说："我们需要名牌院校的毕业生，你并非毕业于名牌院校。"你可以幽默地说："听说比尔·盖茨大学也未毕业。"

如果对方说："你所学的专业怎么与所应聘的职位不一致？"你可以巧妙地回答："据说，21世纪最抢手的就是复合型人才，而外行的灵感也许会超过内行，因为他们没有思维定式，没有条条框框。"

如果对方说："你的原单位那么好，你却要走，是不是在原单

第七章
言多必失，别什么话都说

位待不下去了？"如果应聘者结结巴巴，无言以对，或者是怒形于色，据理力争，脸红脖子粗，那就会掉进对方设计的圈套里。应聘者碰到这些情况，一定要保持冷静，要明白对方是在做戏，而不必去较劲。

其次，挑战式的语言陷阱。这类陷阱的特点是从求职者最薄弱的地方入手。

如果是应届毕业生，面试官会设问："你的相关工作经验比较欠缺，你怎么看？"如果是女大学生，面试官也许会设问："女性常常会对自己的能力缺乏自信，你怎么看？"

如果你回答"不见得吧""我看未必"或"完全不是这么回事"，那么你已经掉进陷阱去了。因为面试官希望听到的是你对这些问题的看法，而不是简简单单的反驳。

对于这样的问题，你可以用"这样的说法未必全对""这样的看法有待讨论""这样的说法有一定的道理，但我恐怕不能完全接受"为开场白，然后婉转地表达自己的不同意见。

面试官有时还会"哪壶不开偏提哪壶"，提出让求职者尴尬的问题。如："你的学习成绩并不很优秀，这是怎么回事？""从简历看，大学期间你没有担任学生干部的经历，这会不会影响你的工作能力？"等等。

碰到这样的问题，有的求职者常常会不由自主地摆出防御姿态，甚至会狠狠地反击对方。这样做，只会误入过分自信的陷阱，招致狂妄自大的评价。而最好的回答方式应该是，既不要掩饰回避，也不要太直截了当，要用巧妙的方式绕过去。

当面试官提出你的学习成绩不是很优秀时,你可以坦然地承认这点,然后在分析原因的同时说出你另外的优点。例如,在校期间学习成绩之所以不是很优秀,是因为自己担任过社团负责人,投入到社团活动上的精力太多。虽然社团的锻炼也带给自己不少的收获,但是学习成绩不是最优秀的,这一点一直让自己耿耿于怀。当意识到这一点后,自己一直都在设法纠正自己的偏差。

应届毕业生小刚就有过一次这样的面试经历。小刚的学习成绩并不是顶尖的。在一次面试中,这便成了主考官发起攻击的要害:"你的成绩好像不太出众,你怎么证明自己的学习能力呢?"

小刚不慌不忙地说:"除了学习,我还有其他的活动。不是只有成绩才能反映一个人的学习能力的。其实我的专业课都相当不错,如果你有疑问,可以当场测试我的专业知识。"小刚巧妙地绕开了令人尴尬的问题,将主考官的注意力引导到他最拿手的专业知识上。

第三,诱导式的语言陷阱。这类陷阱的特点是,面试官往往设定一个特定的背景条件,诱导应聘者做出错误的回答,因为任何一种回答都不能让面试官满意。这时候,用模糊的语言来回答最为恰当。

比如:"依你现在的水平,恐怕能找到比我们企业更好的公司吧?"如果你的答案是"是的",那么说明你这个人"脚踏两只船,身在曹营心在汉"。如果你回答"不是的",又会说明你对自己缺少信心或者你的能力有问题。

对于这种诱导式的问题可以先用"不可一概而论"作为开头,

第七章
言多必失，别什么话都说

然后回答："也许我能找到比贵公司更好的企业，但别的企业或许在人才培养方面不如贵公司重视，机会也不如贵公司多；也许我能找到更好的企业，我想，珍惜已有的更为重要。"

这种回答，其实你是在把一个模糊的答案抛给了面试官。

还有一种诱导式的语言陷阱是，对方的提问似乎是一道单项选择题，如果你选了，就会掉进陷阱。比如说，对方问："你认为金钱、名誉和事业哪个重要？"对于刚刚毕业的大学生来说，这三者当然都很重要。可是对方的提问却在误导你，让你认为这三者是相互矛盾的，只能选其一。这时候千万不要中了对方的圈套，必须冷静分析，可以首先明确地指出这个前提条件是不存在的，再解释三者对我们的重要性及其统一性。

你可以这样回答："我认为这三者之间并不矛盾。作为一名受过高等教育的大学生，追求事业的成功当然是自己人生的主旋律。而社会对我们事业的肯定方式，有时表现为金钱，有时表现为名誉，有时二者都有。因此，我认为，我们应该在追求事业的过程中去获取金钱和名誉，三者对我们都很重要。"

第四，测试式的语言陷阱。这类陷阱的特点是虚构一种情况，然后让求职者做出回答。

例如："今天参加面试的有近 10 位候选人，你如何证明自己是最优秀的？"这类问题往往是考察求职者的随机应变能力。无论你给自己列举多少个优点，别人总有你没有的优点，因此正面回答这样的问题毫无意义可言，你可以从侧面回答这个问题。

可以这样回答："对于这一点，可能要因具体情况而论。比如贵公司现在所需要的是行政管理方面的人才,虽然前来应聘的都是这方面专业毕业的学生,但我深信我在大学期间担任学生干部和主持社团工作的经历已经为我打下了坚实的基础,这也是我自认为比较突出的一点。"这样的回答可以说比较圆滑,很难让面试官抓住把柄。

有时,面试官还会提出这样的问题:"你对琐碎的工作是喜欢还是讨厌,为什么?"这是一个两难问题,假如回答喜欢,似乎有悖于现代青年的实际心理;假如说讨厌,似乎每份工作都有其琐碎之处。按照普遍心理,人们是不愿意做琐碎工作的。我们可以推测出面试官醉翁之意不在酒,而在工作态度。

我们可以这样回答:"如果我的工作中有琐碎的事情需要做,我会认真、耐心、细致地把它做好。"这句话既真实可信,又符合对方的用人心理。

第五,引君入瓮式的语言陷阱。这是在各种面试语言陷阱中最难提防、最具危险性的。

例如,你应聘的职位是一家公司的财务经理。面试官也许会突然问你:"作为财务经理,如果我要求你1年之内逃税100万元,那你会怎么做?"如果你冥思苦想地思考逃税的计谋,或文思泉涌地列出一大堆逃税方案,那么你就掉进了陷阱。因为问这个问题的面试官,目的是来测试你的商业道德。要记住,遵纪守法是员工行为的最基本要求。

又比如,你正要从一家公司跳槽到另一家公司。面试官问你:"你的老板是不是很难相处啊?要不然,你为什么跳槽?"也许他的

第七章
言多必失，别什么话都说

猜测正是你要跳槽的原因，即使这样，你也切记不要被这种同情的语气所迷惑，更不要顺着杆子往上爬。如果你愤怒地抨击你的老板或者义愤填膺地控诉你原来所在的公司，那么你一定完了，因为这样不但暴露了你的不宽容，而且暴露了你的狭隘心胸。

命令之语,要请求着说

> 作为领导者,如果用请求的语气给下属分配工作,无形中是抬高了对方的地位。反之,用命令的语气说话,等于把对方的身份贬低,甚至是践踏了他的尊严。

下达工作任务就需要领导做出命令,而下命令是领导说话的一门艺术,命令说得好不但可以搞好同下属的关系,而且可以树立良好的领导形象。相反,很容易招致职员们的强烈反感,久而久之,你的命令就难于顺利执行了。

如果你对下属说:"喂,你要听我做经理的命令。"这俨然是上司的态度。所谓的"经理的命令"就意味着你把这个职员当成比你低一等的人看待,这样,员工从心理上首先对执行你的命令就有了抵触。如果领导能改变这种命令式的语言,也许会收到截然不同的效果,也使自己的人际关系变得非常顺畅。领导在分配任务时,可以特意走到下属的桌子前对他说:"有件事拜托你办一下。"原来可以命令下属的领导，却对下属说"拜托"，这种倒转的字眼，会使下属充满干劲，而且能使工作进行得更顺利。

某酒店的大堂经理，对服务生的态度很客气。"辛苦你了""谢谢你""麻烦帮我换张床单"，措辞客气、有礼，服务生们觉得大堂经理这样的高层领导都这样尊重自己，工作起来热情都很高。对自己而言，一句客气话不需费吹灰之力，却能达到百利无一害的结果，何乐而不为呢？即使对方为你服务是应尽的义务，而一句客气话却能使他对你更为心悦诚服。

同样是来自领导的命令，以请求的字眼来使身份整个反转过来，就会消除下属的反抗心理，不觉得是在命令他。对下属，温和的话只会使他们更加心悦诚服。你是他们的上级，固然可以盛气凌人，但为什么不同时想到你自己也要与他们合作，事情才能顺利进行呢？

当自己所处的地位比对方高时，要格外留意说话的口气。成熟的人，越是处在高位越要懂得谦恭下士的道理。

员工宿舍里，到了该休息的时间，领导如果说："熄灯时间已到，必须马上休息，否则明天误工是要罚款的。"这样命令的口气说出来显然会让员工产生逆反心理，如果换一种关怀的口吻请求下属就会有不同的效果。"辛苦了一天，你们也该早一点儿休息了！别熬得太晚，好吧？"这虽然是一句极平常的话，却往往会使下属听了对领导更加热爱。人是有感情的，以德报德，以怨报怨，这是一个多么平凡的道理。

许多工作本来都可以做得很好，但因为领导命令时疾言厉色，做下属的心里着慌，因此把事情做得更糟了。结果是领导的脾气发得越厉害，下属的工作就错得越多，最后损失的还是领导自己。究其原因，仅仅是因为说话不当心而已。

那么，是不是说，领导就不能命令自己的下属呢？当然不是。作为领导，如果不会下命令就失去了领导本身的价值，也就没什么威信可言了，关键是领导要采取合适的命令口气和态度，而不是强硬地指使。

某公司业务主管把自己负责的车间管理得井井有条，工人们听从指挥，服从命令，严守纪律。一次，他发现小王生产进度欠佳，总是完不成规定任务。下班后，把小王叫到办公室，然后亲切地问他："最近你家里还好吧？工作中有什么困难吗？如果觉得我给你的工作任务太重，请直接告诉我，不要因为自己生活中的困难而影响到你的情绪，希望你再接再厉。"话说到此，小王早已是满脸通红，非常诚恳地向主管交代了原因并道歉，以后再没有出现过拖延的毛病。

主管没有直接抱怨小王工作不力，也没有以领导的口吻强行命令他必须按规定完成任务，而是反其道而行之，对他进行了一番请求式的对话。小王自然听懂了主管的话外之音，马上意识到了自己的错误。主管这样做，不仅警示了下属，而且保全了下属的面子。主管这样为下属考虑，下属自然对主管感激不尽。

温和请求式的语言说起来并不费力，收效却很大。使大地万物茁壮成长的是那些温柔的风、绵绵的雨，暴风雨只会摧残一切而已。强硬的命令式语言如同暴风雨一样，在给每位员工下达任务的同时

第七章
言多必失，别什么话都说

也摧残着他们辛勤工作的心灵。温和地对下属安排工作，如同绵绵细雨滋润着万物，默默地指挥着所有的员工以百倍的努力创造辉煌的业绩。要想成为一位英明的领导，就一定要学会命令之语请求着去说。

第八章

懂得变通,到什么山唱什么歌

逐客的话，要巧妙地说

> 逐客是拒绝的另一种形式，为了不使人难堪，必须把这种拒绝说得巧妙委婉，美妙动听。要做到两全其美，既不挫伤对方的自尊心，又使其变得知趣。

朋友来访，促膝长谈，交流思想，增进友情是生活中的一大乐事，也是人生道路上的一大益事。宋朝著名词人张孝祥在跟友人夜谈后，忍不住发出了"谁知对床语，胜读十年书"的感叹。

然而，现实中也会有与此截然相反的情形。下班后吃过饭，你希望静下心来读点书或做点事，那些不请自来的好聊分子又要扰得你心烦意乱了。他唠唠叨叨，没完没了，一再重复你毫无兴趣的话题，还越说越来劲。你勉强敷衍，焦急万分，极想对其下逐客令但又怕伤了感情，故而难以启齿。

但是，你若舍命陪君子，就将一事无成，因为你最宝贵的时间，正在白白地被别人占着。鲁迅先生说："无端地空耗别人的时间，无

第八章
懂得变通，到什么山唱什么歌

异于谋财害命。"任何一个珍惜时间的人都不甘任人"谋财害命"。

要将逐客令下得有人情味，可以参考一位智者总结的方法。

一是以婉代直。

用婉言柔语来提醒、暗示滔滔不绝的客人：主人并没有多余的时间跟他闲聊胡扯。与冷酷无情的逐客令相比，这种方法容易被对方接受。

"今天晚上我有空，咱们可以好好畅谈一番。不过，从明天开始我就要全力以赴写职评小结，争取这次能评上工程师。"这么说的含义是：请您从明天起就别再打扰我了。

"最近我妻子身体不好，吃过晚饭后就想睡觉。咱们是不是说话时轻一点儿？"这句话用商量的口气，却传递着十分明确的信息：你的高谈阔论有碍女主人的休息，还是请你少来光临为妙吧。

二是以写代说。

有些嘴贫的人对婉转的逐客令可能会意识不到。对这种人，可以用张贴字样的方法代替语言，让人一看就明白。

影片《陈毅市长》里有一位著名的科学家，在自家客厅里的墙上贴上了"闲谈不得超过三分钟"的字样，以提醒来客：主人正在争分夺秒搞科研，请闲聊者自重。看到这张字样，纯属闲谈的人，谁还会好意思喋喋不休地说下去呢？

根据具体实际情况，我们可以贴一些诸如"我家孩子即将参加高考，请勿大声喧哗""主人正在自学英语，请客人多加关照"等字样，制造出一种惜时如金的氛围，使爱闲聊者理解和注意。一般，字样是写给所有来客看的，并非针对某一位，所以不会令某位来客有多少难堪。

三是以热代冷。

用热情的语言、周到的招待代替冷若冰霜的表情，使好闲聊者在"非常热情"的主人面前感到今后不好意思多登门。爱闲聊者一到，你就笑脸相迎，沏好香茗一杯，捧出瓜子、糖果、水果，别人很有可能不好意思轻易贸然再来。

过分热情的实质无异于冷待，这就是生活辩证法。以热代冷，既不失礼貌，又能达到逐客的目的，效果之佳，不言自明。

四是以疏代堵。

闲聊者如此无聊地消磨时间，原因是他们既胸无大志又无高雅的兴趣爱好。如果改用疏导之法，使他有计划要完成，有感兴趣的事可做，他就无暇光顾你家了。显然，以疏代堵能从根本上解除闲聊者上门干扰之苦。

怎样进行疏导呢？如果他是青年，你可以激励他："人生一世，多学点东西总是好的，有真才实学更能过上好生活，我们可以多学习学习，充实充实自己。"如果他是中老年，可以根据他的具体条件，诱导他培养某种兴趣爱好，或种花，或读书，或练书法，或跳舞等。"您的毛笔字可真有功底，如果再上一层楼，完全可以在全市书法大奖赛中获奖！"这话一定会令他欣喜万分，跃跃欲试。一旦有了兴趣爱好，你请他来做客也不一定能请到呢！

第八章
懂得变通，到什么山唱什么歌

逆耳忠言，请有策略地说

> 忠言相告讲究艺术，才能既达到目的，又不至于伤害接受忠言的人的自尊心。忠言若能做到良药不苦口，才算是真正做到家了。

圣人说：闻过则喜。生活中有几人可以如此？人常说良药苦口、忠言逆耳。为什么良药一定要苦得让人难以下咽？忠言为什么非得让人听了难受？难道没有其他的办法说出忠言吗？

有一个员工不小心做错了一件事，主管批评她，并要扣她的奖金，结果那个员工自杀了。

有一个学生被老师批评之后，为了证明自己的清白，上吊自杀了。

有一个儿子受不了父母的批评指责，挥刀杀死了他们。

……

之所以批评者好心没有得到好报，是因为那个被批评的人没有真正意识到其中的好，反而认为是有害的。

趋利避害是人的本性，只要被批评者真正理解了其中的好意，他当然会从善如流。

或许当我们去批评别人的时候，都希望对方像唐太宗一样，而自己可以像魏征那样直言不讳，可这并非良策。批评是一种人际互动，方法得当事半功倍，方法不当事倍功半。

批评是对人的一种否定，其实质是惩罚。在改善人的行为时，鼓励总是比惩罚效果明显，一定不能滥用惩罚，惩罚是消极的，尤其是过度惩罚非但不能达到预期目的，还会扭曲行为。

"良药苦口利于病，忠言逆耳利于行。"古人把"忠言"与"苦药"等同，足见批评的话确实不中听。因此，开展批评时，要讲究一点语言艺术，像药师把良药外包上糖衣一样，把批评的话变得顺耳、悦耳一些。

现实生活中之所以人人都不愿意听批评之语、逆耳忠言，究其原因，主要是因为批评者不懂批评的方法，不善于把握批评语言的分寸。

以下几条原则是批评艺术的集中表现，可以使人愉快地接受批评。

一是使用旁敲侧击法，效果会更好。

不直接批评对方，而用打比方、举例子的办法提醒对方，促使对方解除疑虑或恐惧，提高认识改正缺点。有时，无声的行为更甚于有声的批评。

有一个大老板开办了许多大商店。他每天都要到商店去看看。一天，他发现一个顾客在柜台前等着买东西，谁都没注意到他，售

第八章
懂得变通，到什么山唱什么歌

货员正站在柜台的另一边聊天。这时，这个大老板没说一句话，只是自己站到柜台后面，给顾客拿了他要买的东西。他的这种行动便是对售货员的无声批评。

二是批评的重点不在错误。

一般的批评，只是把重点放在对方的错误上，却并不指明对方应如何去纠正，因此收不到积极的效果。积极的批评，应在批评时提出建设性意见，以利于对方改正。被批评者也会更加认识到你批评得很有道理，心悦诚服。

三是设身处地地替对方想一想。

设身处地有两种方法：一种是让被批评者站在批评者的角度，让他想一想："如果你是我，你想想，我出了这样的错，你批评不批评？"让他换个位置来认识自己的过错。二是让批评者站在被批评者的角度，假如我是他，我对自己的过失是否已经有了很深刻的认识，甚至会主动检讨而不希望被人严厉呵斥？

双方均为对方设身处地地想一想，在做出批评与接受批评方面就容易协调起来了。批评者也就能视对方过错认识程度的深浅而把握批评程度的分寸。

四是批评要注意场合。

某些批评本来是公正有理的，在某些情况下可能效果不错。但如果选的时间、地点不对，效果会截然相反。比如某人常常在同事面前被老板批评，他一定会感到羞辱窘迫，甚至是不满、愤怒。事后他最先想到的是同事们会有什么看法和想法，而不会注意到老板批评的内容。这样批评不但没有效果，反而会让他产生其他想法。

所以，如果你希望自己的批评取得更大的效果，就应该注意说话的时间、地点，该一对一批评的就不能有第三者在场。当着不相干的第三者或众人之面直接批评某人，不仅使被批评者沮丧或气恼，还可能会使在场的每个人都感到尴尬，担心"下次会不会轮到我"，从而与你在心理上产生疏远感，等于是批评一个，得罪一群人。

造成批评难、难批评的原因很多，其中一个重要原因就是批评的语言艺术不高。

批评下级：宜循循善诱，忌电闪雷鸣。

领导者在批评下级时，要注意方法，讲究艺术。下属对领导的批评是相当敏感的，尤其关注弦外之音是否含有不信任的意味。以理服人，威信自生；以势压人，无威无信。因此，领导者在批评下属时，应该是说服而不是压服，应该是鼓励而不是威胁，应该是尊重而不是鄙视，应该是循循善诱而不是电闪雷鸣。要善于从正面肯定下属为完成工作所付出的努力，不失时机地给予适当的赞扬和鼓励，让下属首先从领导者那里获得安慰和自信，进而指出他的不足以及改进的意见。如果一味刺耳地批评或者不冷不热地采取"我不管，你自己看着办"的态度，不仅会挫伤下属的自尊心，让下属对你敬而远之，时间长了还会使其产生逆反心理而消极怠工，甚至破罐子破摔。

批评同级：宜义正辞和，忌声色俱厉。

同级之间，彼此的职责和地位相等，相互之间没有统属关系。在开展批评时，往往容易使被批评者产生"越界干涉""出风头""多管闲事""故意找茬"等误解。因此，在开展批评时，除了要态度诚

第八章
懂得变通，到什么山唱什么歌

恳、分寸适度外，既要有理有据、客观公正，更要和颜悦色，善于用平和的语气、中听的措辞，以消除对方对批评的反感。批评时，宜采取商讨式、双向交流式，一般可用"我想""我觉得""我个人认为"等语气来向被批评者表明其批评意见纯属个人的看法，使被批评者感到你是为了沟通，而不是为了教训人，这样才容易使对方接受。切忌用"你应该怎样，不应该怎样""我早就料到会是这样"这类语言。

批评上级：口气宜间接委婉，忌以众议压人。

被质问会给人产生一种不信任感，会把对方逼到敌对、自卫的死角。被训斥会让人觉得低人一等，被藐视，感觉人格上受到污辱，会使对方感到很压抑、反感。而口气温和、委婉，会使对方心理上产生内疚感，从而愉快地接受批评。因此批评时，态度要诚恳，语气要温和。得体的语调、表情或其他的身体语言，可以避免在彼此进行意见沟通时产生敌意。

人非圣贤，孰能无过。对于领导来说，应具有闻过则喜的雅量。然而，如果批评时以众议压人，就会触犯领导的威信和尊严，十有八九是要碰壁的。因此，批评领导，宜用"商讨式""启发式""迂回式"的语言。

以上几种批评的方法若运用得合理恰当，能给批评方和被批评方都带来相对平和的心态和较好的结果，反之不但会伤了和气，还有可能造成不必要的误解和分歧。批评的目的是为了问题的解决，因而批评方式的采用是为批评目的服务的。只有批评方式恰当而合理，别人才会欣然接受，这样的说话方式别人才最爱听。

上面主要讲了对和自己有上下级关系的人的批评方法，事实上，在社会生活中人与人之间往往也会遇到批评与被批评的情况。

下面谈谈有关这些方面的一些可行的批评办法。

一是请教式批评。

有一个人在一处禁捕的水库网鱼。远处走来一位警察，捕鱼者心想这下糟了。出乎意料，警察走来后，不仅没有大声训斥他，反而和气地说："先生，你在此洗网，下游的河水岂不被污染了？"这番话令捕鱼者十分感动，连忙道歉。

二是暗示式批评。

有许多时候，我们往往会遇到不便直言之事，只好用隐约闪烁之词来暗示。

一位顾客坐在一家高级餐馆的桌旁，把餐巾系在脖子上。这种不文雅的举动很是让其他顾客反感。经理叫来一位侍者说："你让这位绅士懂得，在我们餐馆里，那样做是不允许的。但话要说得尽量含蓄。"

怎么办呢？既要不得罪顾客，又要提醒他。侍者想了想，走过去很有礼貌地问了那位顾客一句话，说："先生，你是刮胡子呢，还是理发？"话音刚落，那位顾客立即意识到自己的失礼，赶快取下了餐巾。

侍者没有直接指出客人有失体统之处，而是拐弯抹角地问了两件与餐馆毫不相干的事。表面看来，似乎是侍者问错，但实际上正是通过这种风马牛不相及的事情来提醒这位顾客，既使顾客意识到自己的失礼之处，又做到礼貌周到，不伤面子。这就是委婉的妙用。

第八章
懂得变通，到什么山唱什么歌

三是安慰式批评。

年轻的莫泊桑向著名作家布耶和福楼拜请教诗歌创作。两位大师一边听莫泊桑朗读诗作，一边喝香槟酒。布耶听完说："你这首诗，句子虽然疙里疙瘩，像块牛蹄筋，不过我读过比这首还坏的诗。这首诗就像这杯香槟酒，勉强还能喝下。"这个批评虽严厉，但有余地，给了对方一些安慰。

四是渐进式批评。

渐进式批评就是逐渐输出批评信息，有层次地进行批评。这样可以使被批评者对批评逐渐适应，逐步接受，不至于一下子谈崩，或因受批评背上沉重的思想包袱。

生活中，要理解人们的合理需要，爱护人的自尊心，只有这样才能把话说到别人心坎儿里去。如果不能根据交际对象的心理，选择恰当的语言形式，话一出口先挫伤他人的自尊心，必然引起对方的不快，甚至争吵。试想，售票员请人让座时说："那么大的小伙子一点也不自觉。"在劝女同志道谢时说："别人给你让座，你也不知道说个谢。"后果会如何呢？

在批评人时，最关键的是克制情绪。

在批评人之前你首先要观察自己，你觉得自己的心情紧张吗？对对方心存不满吗？把你的感受——愤怒、埋怨、责怪、嫉妒等先清理一下是有好处的。

有经验的批评家认为，在开口批评人家之前，先检讨一下自己所持的是什么态度，是积极的还是消极的？情绪不好是很难掩饰的，而这种情绪有极强的传染力。一旦对方感觉到这一点，立刻会激起同样的情绪，立即会抛开你的批评内容，计较起态度，这种互为影响的情绪会把批评带入僵局。因此智者不可不虑。

　　奥斯特洛夫斯基说过："批评，这是正常的血液循环，没有它就不免有停滞和生病的现象。"我们每一个人都不是生活在真空里，就像我们身上要沾染许多病菌一样，在我们的思想意识和言谈举止上，也会不可避免地出现一些缺点、错误。积极开展批评，才能使我们保持身心健康。但是，在开展批评时，一定要讲究方式、方法，也要有艺术性，否则难以达到预期效果。

第八章
懂得变通，到什么山唱什么歌

露骨的话，可旁敲侧击说

> 说话过分露骨，只会招致别人的妒忌，导致自己的失败。要给对方留点余地，否则就会闹成僵局，无法收场。

露骨，比喻做事、讲话不加伪装或掩饰，用意十分显露，毫不含蓄，直奔主题，与赤裸裸相近，是很夸张的意思。一般为贬意，如行为露骨、话语露骨等。

对有些锋芒太露的人或者年长的人，我们说话不能太露骨。在社交中，有时遇到一些竞争性的文体活动，比如下棋、乒乓球赛等，尽管只是一些娱乐性活动，但人的竞争心理总是希望成为胜利者。一些"棋迷""球迷"就更是如此。有经验的社交者，在自己取胜把握比较大的情况下，往往并不把对方搞得太惨，而是适当地给对方留点面子，让他也胜一两局。

尤其在对方是老人、长辈的情况下，你若穷追不舍，让他狼狈不堪，有时还可能引起意想不到的后果，让你无法收拾。其实，只要不是正式比赛，作为交流感情、增进友谊的文体活动，又何必酿成不愉快的局面呢？

对于谈话中对方不妥当的部分，固然需要加以指正，但妥当的部分就需要加以显著的赞扬，对方会因你的公平而易于心悦诚服。改变对方的主张时，最好能设法把自己的意思暗暗移植给对方，使他觉得是他自己修正，而不是由于你的批评。对于那些无可挽救的过失，站在朋友的立场，你应当给予恳切的指正，而不是严厉的责问，使他知过而改。纠正对方时，最好用请教式的语气，用命令的口吻则效果不好。要注意尊重或激励对方的自尊心。

人无论处在何种社会地位，也无论是在哪种情况下，都喜欢听好话，喜欢受到别人的赞扬。做工作很辛苦，能力虽然有大有小，毕竟是尽了自己的一分力量，当然希望自己的努力得到他人和社会的承认，这也是人之常情。

会为人处世的人，此时必然是避其锋芒，即便觉得别人干得不好，也不会直言相对。生性油滑、善于见风使舵的人，则会阿谀奉承、拍马屁；那些忠直的人，此时也许要实话实说，这就可能让人觉得你太过莽撞，锋芒毕露了。有锋芒也有魄力的人，在特定的场合显示一下，是很有必要的。但是如果太过，不仅会刺伤别人，也会损伤自己。

过分直露自己的见解会招致他人的妒恨，但也不是说因此就不分是非曲直，什么事都一味地说好。如果我们在对别人提出批评意见的时候，尽量采用别人能接受的方式，同样可以达到目的。为什么非要吵得面红耳赤，最后犹如仇人一般呢？

第八章
懂得变通，到什么山唱什么歌

婉转地批评别人，不逞一时的刚勇，同样能达到批评对方的目的。

西汉时期，汉武帝身边有个大臣叫东方朔，头脑聪明，言语流利，又爱说笑话，当时人称他为滑稽派。

汉武帝刚即位就下了一道诏书，叫各郡县推举品行端正、有学问才能的人，当时有上千人应征。这些人上书给皇帝，多半是议论国家大事，卖弄自己的才能，其中不少建议皇帝看不上，提建议的人也就没被录用。东方朔的上书却半开玩笑半认真地说自己怎么博学多才、聪明过人，怎么身材高大、五官端正，怎么勇敢灵活、正派守信，最后说："像我这样的人，真该当皇上的大臣了。"汉武帝看这份上书与众不同，有些意思，就让他当了待诏公车。东方朔虽然被留在了长安，但薪水很少，也见不着皇帝。

过了些日子，东方朔想出个让皇帝注意他的主意来。当时皇宫里有一批给皇帝养马的侏儒，东方朔骗他们说："皇上说你们这些人一不能种田，二不能治国，三不能打仗，对国家没一点用处，准备把你们全杀了呢。"侏儒们都吓得哭起来。东方朔又教他们："皇上要是来了，你们赶快去磕头求饶。"不久，汉武帝路过马厩，侏儒们都号啕痛哭，跪在武帝的车子前连连磕头。武帝觉得奇怪，问道："你们干什么？"侏儒们回答："东方朔说您要把我们全杀了。"汉武帝知道东方朔鬼点子多，就把他叫来责问："你为什么要吓唬他们？"东方朔说："侏儒身高不过3尺多，每个月有一袋粮食、240钱。我东方朔身长9尺多，也只有一袋粮食、240钱。侏儒们会撑死，我却会饿死。皇上要觉得我不行，就放我回家，别留着我在这里吃白饭。"武帝听了哈哈大笑，让他当了待诏金马门。待诏金马门比待诏公车的地位高，他也就渐渐地能接近皇帝了。

有一次，汉武帝让手下的人玩"射覆"的游戏，东方朔连猜连中，得了很多赏赐。汉武帝身边有个姓郭的舍人，也很聪明，能言善辩。他见东方朔这么得意，很是眼红，就对汉武帝说："东方朔刚才都是碰运气，并不是真会猜。现在我来藏一样东西，如果他猜中，我愿意挨一百板子；要是猜不中，您把刚才赏他的东西都给我。"结果东方朔又猜对了。汉武帝命令左右打郭舍人的屁股，郭舍人痛得直喊"哎哟"。东方朔嘲笑他说："咄！口上没有毛，声音叫嗷嗷，屁股翘得高。"郭舍人又羞又气，喘息着说："东方朔辱骂皇上的随从，该杀头！"汉武帝问东方朔："你为什么骂他？"东方朔急中生智，回答："我怎敢骂他？是让他猜谜语呢。"武帝又问："什么谜语？"东方朔信口胡编道："口上没毛是狗洞，声音叫嗷嗷是鸟儿在喂小鸟，屁股翘得高是白鹤弯腰啄食。"武帝见他说得头头是道，没法再追究，郭舍人只好吃了个哑巴亏。

又有一次过节，汉武帝下令把肉赏给身边的官员、随从们，可是执行命令、主管分肉的大官丞迟迟不来。东方朔对同事们说："今天过节，该早点回去，请原谅我占先了。"说着拔出剑来，割了一块肉走了。大官丞知道后报告给汉武帝。第二天，东方朔进宫来，汉武帝责备他："昨天你为什么不等大官丞来宣布命令就擅自割肉？"东方朔赶紧脱下帽子，跪在地上请罪。汉武帝说："你起来，自己罚自己吧。"东方朔拜了两拜，爬起来，像背书一样有板有眼地说："东方朔，你过来！东方朔，你过来！你接受赏赐不等命令，多么无礼

第八章
懂得变通,到什么山唱什么歌

啊!拔出剑来就割肉,多么豪壮啊!只割一小块,多么廉洁啊!回去送给妻子,又多么有爱心啊!"汉武帝忍不住笑,说:"让你责备自己,你倒夸起自己来了!"不但没办他的罪,还赏给他一担酒和100斤肉,让他带回去给妻子。

对于皇帝的指责,不是强词夺理,而是机智应对、有理有节,这其实就是忍。东方朔忍住心中对他人的不满,忍住对告发者的气愤,不失时机地指出他人的错误,保全了自己。

贬低的话，请拔高后说

> 贬损他人、抬高自己是一种缺乏道德、缺乏修养的行为，具有较大的危害性。有这种行为的人，非但不能把自己抬高，有时反而会摔得很惨。

人都有自大倾向，最易显示自大的就是说贬低别人的话和说拔高自己的话。有些人对于别人强过自己心理极不平衡，于是通过贬损别人，说明别人并不强于自己，从而在心理上得到一种阿Q式的平衡。但结果是遭人白眼，惹人嫌。

李先生自我感觉良好，然而在单位人缘不好。因此他经常抱怨世态炎凉，责怪同事寡情。是真的世态炎凉同事寡情吗？非也！原来是李先生自命不凡，每逢单位开会、年终考评，他都喋喋不休地贬损他人，以显示自己"崇高的思想""卓越的才能""非凡的业绩"。

因此，同事们都觉得李先生太过分了，太不像话了。于是大家都不买他的账，他陷入了孤家寡人的境地。显然，李先生人缘不好，

第八章
懂得变通,到什么山唱什么歌

原因在于贬低他人,抬高自己。综观现实社会,像李先生这种人为数不少。

贬损他人的方式主要有以下几种。

一是捏造事实贬损他人。有些人为了抬高自己、贬损他人竟达到了捏造事实的地步,尽管他所说的事实是捏造的,可也是有鼻子有眼的,颇能迷惑人。面对捏造事实的指责,受害人有口难辩,无可奈何。

唐某与李某同去外地出差,采购一种紧缺物资。他们到外地时,当地已无货供应,必须再等一个月才有货。于是唐某与李某空手而归。可是在向领导汇报时,李某竟对领导说:"年轻人就是贪睡,那天早晨如果小唐早点起来,我们可能就买到货了。"唐某说:"本来就没有货了啊,这与起早起迟有什么联系呢?"领导批评唐某说:"老李说得对!你应该接受,以后改正啊!"唐某听了领导的批评只有无可奈何地叹气,还有什么可辩解的呢?不过从此以后,唐某对李某敬而远之了。以后领导再派他与李某一道出差,他都借故推辞掉。

二是夸大事实贬损他人。有些人为了达到贬损他人的目的,将针眼大的事情说得比箩筐还大。

某科研单位赵某应朋友之邀,给朋友帮了两次忙,解决了一些技术上的问题。不巧让本单位的黄某知道了。于是在一次会议上,黄某说:"赵某受了金钱的诱惑,不好好做本职工作,竟去从事第二职业。这种做法是缺乏事业心和敬业精神的表现。"赵某仅仅帮了朋友两次忙,黄某竟夸大成"从事第二职业",并给戴上"受了金钱诱惑"的大帽子。

三是通过自己与他人的对比贬损他人、抬高自己。

一次,某省高教局成人教育处组织政治经济学统考。哲学老师田某从高教局同学处获得了这一信息,于是回校对任政治经济学课的许某说:"你们政治经济学统考,你知道这个消息吗?"许某说:"我现在还没有接到这一通知。"在年终考评会上,田某说:"许某教政治经济学,对政治经济学统考一点也不关心,统考消息还是我告诉他的,我比他还着急,许某太没责任感了。"这样一比,他似乎成为了一个责任感极强的人,而别人倒是一点责任感都没有了。

四是含沙射影地贬低他人、抬高自己。

舒某与兰某同在一科研所工作。舒某勤于笔耕,一年之中竟发表了20篇论文,而兰某仅发表了一篇论文。兰某心中很不服气,因而在年终考评会上自我评述说:"我今年文章只写了一篇,但质量是很高的,绝不像那些写得多的粗制滥造的文章。"显然兰某这是在含沙射影地贬低舒某。

平时说话,贬损他人、抬高自己是十分有害的。

有些人之所以会不择手段地贬损他人、抬高自己,其原因显然是出自于一种站在自己的利益上考虑的心理。有些人为了充分地显示自己的高明和非凡的价值,往往喜欢找参照物,自以为通过贬损他人,自己的高明和非凡的价值就充分地表现出来了。另外有些人对于别人强过自己,心理极不平衡,于是通过贬损别人,说明别人并不强于自己,从而在心理上得到一种阿Q式的平衡。然而不管贬损他人、抬高自己出于何种心理,都是一种缺乏道德的行为。

反过来说,"拔高"的话是和谐人际关系的润滑剂。交际中,注意场合和语气,选择合适的角度对特定的对象给以恰当"提拔",可以收到特殊的交际效果,平时我们不妨用一用。

第八章
懂得变通，到什么山唱什么歌

讲真话，也要策略地说

> 人是一种追求虚无的动物，知道真话有用，但一旦别人讲真话时，却并不见得真能接受了。实际上真正能听得见真话的人并不多，大多数人许多时候听到的都是假话、捧话。

古今中外，有不少人是死在讲真话之下的。历代帝王，能听得见真话的人极少，许多忠诚之士讲了真话，最后落得个满门抄斩。

因此，讲真话也要看对象，并不是人人面前都能讲真话的，否则，就会带来不必要的麻烦。

一担黄金一担铜，挑到街上试人心。

黄铜卖完金还在，世人认假不认真。

这是我们必须承认的人性弱点。因此，如果你要讲真话，你应当一是看看对象，估计一下你的真话能不能讲；二是思量一下讲了之后能起到什么效果。若是适得其反，那就不必要讲那真话。相反，如果对方显然期待讲话者只讲好听的、捧场的、能满足虚荣心的话，而不爱听伤自尊心的真话，那么，你如果一定要说，就不如说几句有点人情味的话捧捧场，热闹一下气氛，完全没必要讲别人不爱听的真话。

古代有位国王，有一天他做了一个梦，梦见自己的头发掉光了，而且当了一个寺院的和尚。他觉得此梦有点怪，就找了两个解梦的人帮他解解梦。

第一个解梦的人忧恐地说："皇上，梦的意思是说，您将会遇到大难，身边的人都会背叛您，使您没有藏身之地，以至于藏到偏野之地去。您要小心呀！"

国王大怒道："放屁，我国风调雨顺，国泰民安，怎么会有事？拖出去，掌嘴100下。"

第一个解梦的人，因讲了真话而被打掉了满嘴牙齿。

第二个解梦的人拈须笑道："恭喜皇上，您的智慧最近又增进了许多。常言道，聪明绝顶，这正是印证了你梦中的削发，可见四海之内都在崇尚和平、和谐，人民都过着更加幸福、和平的日子呀！"

国王听后大开龙颜，笑道："赏300根金条。"

这就是两个解梦人的不同结局。

真话，并不是人人都爱听。人，都是有弱点的，他们最大的特点是想满足他的虚荣心，若你对他讲的话，满足不了他的虚荣心，那么，再真实也是不可能被接受的。

人生在世，不就活个虚荣心吗？有这样一个故事。

春节前夕，公司几位新上任的年轻领导到老干部家里走访。在赵老家里，大家相互介绍后，总经理说："赵老，您身子骨真是硬朗，

第八章
懂得变通，到什么山唱什么歌

今年高寿？"

"79岁了。"对几位领导的到来，赵老还是挺高兴的。

"人生七十古来稀，咱们公司数您最长寿吧？"

"哪里，哪里，老张活到84岁呢！"

"那您老也称得上长寿亚军了。"

"不过，老张去年归天了。"赵老脸上有些落寞。

"这回可轮到您了。"一位副总话刚出口，就听"砰"的一声，赵老把茶杯重重放在茶几上说："对不起，恕我不远送了。"他起身离开了客厅。

领导们一脸尴尬，不知如何是好。

一句话让宾主都非常尴尬。因为这位副总的话，没有注意到具体的谈话语境。就如同不能随便给人说"送钟"，避免对老人说液化气罐"没气了"一样，在特定的环境下，语言表达错位，往往容易让对方往最坏的方面去联想。对于老张的去世，赵老是很感伤的，他还沉浸在那种忧伤的氛围中。显然那位副总没有注意到这一点，脱口而出"这回可轮到您了"，这让赵老错误地理解为：这回可轮到您到阴间去报到了。他听到此言如何不生气呢？其实，那位副总本来的意思是：咱们公司的元老现在轮到您是长寿冠军了。如果前面谈到的是一些人生大喜事，"这回可轮到您了"这句话，听话人就会朝好的方面想，不会产生太多的歧义。可见，说话一定要注意前后语境，不然就会弄巧成拙。

第九章

别急着开口,说话前先琢磨对方心理

八字没一撇的话，别随便说

> 人是有思想的动物，好做梦，好幻想，好构思未来，这是生命发展的结果，也是好事。你可以胡思乱想、狂想，但却不能胡说、狂说，尤其是与人相处时的论事，更是应谨慎一点。

人们说话论事大致有以下三种不同的风格。

一种是事不成熟，就对外说；一种是八字没一撇，就对外说；一种是事成以后，才对外说。

前两种人往往是爱自吹自擂之人。为了一时之快，为了尽快显示自我，为了尽快博取自信，就口没遮挡地将话说出来了。许多骗子公司也是走的这条路线。当然也有个别例外，如在探求改革没有把握时先放出风声来听听群众的意见，这是特例。

事情已完成后再说的人，则是十分稳重的人，这种人说一是一，一般是说到哪里做到哪里，决不玩虚的。事情有把握地发展，一切

第九章
别急着开口，说话前先琢磨对方心理

都在掌控之中，此时说的人，也是尊重客观的人。

总之，生活的教训告诉我们：八字没一撇的事最好压在心里，等等再说。

你自己对事情还只是一个构想，还有待进一步论证，此时说出去，别人一深究时你又拿不出系统有据的方案，则反而会损害自己的形象。

以前有一则报道，说是一个东北人发明了一种将水变成油的技术，而且许多报纸都转载了这篇文章。那个发明人到处作报告，到处找投资开发者，到处引进资金。

几年后，又有了关于此人的报道，都说他纯粹是一个骗子。

其实就算他不是骗子，也不应该在八字还没一撇时，将还在试验阶段的内容向外大力宣扬，那样到最后多半会收不了场。

这类的事例还有许多。

一个写书的人，一日与一出版社的编辑部主任闲聊。写书的人说他正在写一部叫《大汉帝国梦》的书，他还把构想跟那编辑说了。说者无心，听者有意。三天后，编辑部主任打电话给写书的人，说那部《大汉帝国梦》他要了，请将稿件目录样章发给他。

这下写书人慌了手脚，不答应，会损坏自己形象，失了信以后也不可能再在他那里出书了；若答应，但事实是还没开始呀！结果只能说他在外地，过两天再将目录样章发过去。

接下来的两天，他只好埋头在家中做目录，写样章。两天后发了过去，那位编辑部主任收到了。又过了两天，写书的人又收到电话，要求将全稿发过去，出版社决定作为本年度的重点书推出上市。

露馅了,他无论怎么赶夜班也是赶不出来的了。他只好说了实话。最后被编辑部主任责怪了一番,从此便再没有跟这个写书人联系了。

由此可见,八字没一撇的事,是万万不能乱说的。就算要说,也要讲清楚,不让人产生误会,否则,到最后伤害的还是自己。

因此,以后若遇到类似的事,一定要等等再说,等成熟了再说出来,岂不更令人可信?

第九章
别急着开口，说话前先琢磨对方心理

发怒的话，等等再说

> 每个人都有情绪波动时，当我们的坏情绪来了时，我们千万要记住，你一定要咬紧牙关忍一忍，等过一天后再说，至少也要等上一会儿再说，否则，就会坏大事，就会造成许多麻烦。

愤怒时说的话，大都是气话，气话是让听者生气的话，这样只会使双方情绪升级，继续恶化，甚至很有可能打斗起来。

愤怒时说的话，大都是发泄的话。将你自己身上的霉气、怒火和垃圾全泼向听者，这对听者不公平，就算听者惹恼了你，就算对方素质低，你一发怒，则也看出了你的素质并不比对方高。另外，你发怒的听众若不是惹恼你的人，那你就更没资格对平时对你好的人发火，这样只会造成新的负向人际关系。

愤怒的话，大都是粗鄙之话。这些话的内容十分难听，甚至许多人因骂人而进一步恶化对方心情引发暴力行为，因侮辱了对方人格而受到暴力回击，因丢了对方面子而分道扬镳。

为什么要等上一等再说呢？

因为人是有情绪的，人的情绪总是在正与负之间摇摆，一会儿是积极、快乐，一会儿就有可能是苦闷、恼火。

心情如天上的云，一会儿来了，一会儿又去了。

因此，当我们心情不好时，当我们想发怒时，我们应想到这个怒发不得，一发轻则会伤及他人，重则会立即伤及自身。许多打斗事件，许多人致命都只因为一句发怒之语。

有三个人是很要好的朋友，他们决定合作开一家公司。公司很快开张，但公司经营一段时间就开不下去了。三人心情都不好，因为投入的钱都没收回，而他们其中两人的钱并不多。这两人就彼此埋怨起来，其中一位为了挽回成本，提前撤股了。

几天后，撤股者不知从哪里听到流言——说他不讲朋友义气，将风险转嫁给他人，不地道。

撤股者本是个暴脾气，第一次因理亏而强行忍了下来，没有当场发作。当第二次听到又有人在议论他时，他就发火了，他怒斥那路边闲聊的人。

闲聊者本是无意与他为敌，只是随便聊聊而已。但人家骂到面前也不能退缩呀，更何况这闲聊者还认为他讲的是事实。于是他也不示弱，回应道："我就讲了，怎么着？你是什么人，你自己最清楚！"

第一个回合就交上了火。

由于这两个人都脾气不好，没说几句就打了起来。

第九章
别急着开口，说话前先琢磨对方心理

撤股者力气大，用力将闲聊者向后一推，很不凑巧，闲聊者后退时被绊倒，后脑壳刚好倒在一个尖铁齿矮围栏上，铁尖扎入他的脑袋里，人当场晕了过去。

110、120很快赶到，医院抢救，花了5万多元最后依然成植物人。一场官司下来，撤股者不仅要坐牢，还要承担近30万元的医药费。

只因听不得闲聊者议论自己，因一时冲动发火骂人打人而造成如此后果，实在令人遗憾呀！

总之，发怒的话，是负面情绪的反映，是没有经过过滤加工后说出的话，是伤及他人的话，这种话有百害无一利，所以，千万不说为妙。如果一定要说，那就得过一天再说，至少是先咬紧牙关等会儿再说。

如果对方在生你的气，其中必然有原因存在。姑且不论是否是你的错，千万不能以同样的情绪对待，那会使他的情绪进一步激化，进而更加愤怒。

不论生气的原因为何，既然对方已对你表示生气，你就绝对不宜置之不理或展开正面冲突。倘若事后对方恍然大悟，发觉你是无辜的，那么他对于你的宽容和气度，必然会心悦诚服。

相反，倘若你采取一味辩白的态度，便无异于火上加油，很可能让事情导致更难解决的地步。

若对方生气的原因真是由于自己的错误，那么"解铃还需系铃人"，亲自谢罪是理所当然的。不过，在表示歉意时，要注意态度是否诚恳、事后补偿的处理是否妥善。如果你暖言暖语的歉意能让对方觉得满意，对方仍会对你的诚意与努力表示好感。

尽管在犯错时会遭受同事的指责或怒骂，心里确实是不好受。但是，不妨反过来想：要是无人责骂你，岂不也表示无人关心你了吗？这样一来，反倒能够心平气和地接受指责，而没有不耐烦的表示。

那么，对于正在发生的愤怒，有没有什么好的应对之策呢？

一个人发怒时是最缺乏理智，也是最需要理解的时候，使用适当而又得体的巧妙说服语言就可以化解他们的怒火。

当一个人无法达到自己的目的时，面对他人，他很可能会设法表现出来，他可以大吵大叫、愠怒不语，或者假装受害者，或者用威胁与责备的方式来达到自己的目的，发泄心中的不满。

遇到这种情况，我们常回击他们对我们所做的描述。我们会说："我不自私，你才自私。你怎么敢说我自私？我什么都替你做。那一次……"

另一种做法是，当他们痛苦的时候，我们努力弄懂他们的想法。我们说："请告诉我是怎么回事，我做了什么了？告诉我，我怎么做才能让你感觉好些？"

我们还经常努力争取他们的同意，希望他们不再因为我们而烦恼。我们说："如果我这么做让你感到这么不安，那么我可以改变计划、少去上一次课、不做那项工作、不去见那位朋友……"

我们也可能会试着解释说明，提出相对立的看法、赔礼道歉，想努力使他们从我们的观点看问题。我们说："你怎么就不能理智些呢？难道你不明白你犯了多大的错误吗？你所想的是荒谬的、疯狂

第九章
别急着开口，说话前先琢磨对方心理

的、不理智的、侮辱他人的。"

上面的这些情况在于我们是辩护性的反应，保护自己的努力等于火上浇油。事实上不仅不会奏效，反而会加剧情绪紧张的程度。

如果对方的责备、威胁或者消极评价的火焰遇到了冷水，又会发生什么情况呢？如果你没有努力去改变对方，而是改变了自己的行动计划，那又怎么样呢？如果你以下面的话来回答他们所施加的压力，结果将会大不一样。

回答方法之一：我很抱歉让你感到不安。

回答方法之二：我能理解你何以如此看待这个问题。

回答方法之三：这很有意思。

回答方法之四：真的吗？

回答方法之五：叫喊、威胁、收回承诺以及哭叫都再也不起作用了，什么问题也解决不了。

回答方法之六：等你冷静一下我们再谈。

回答方法之七：你完全正确（尽管你并不是这个意思）。

这些话语是非辩护性交流的关键部分。记住这些语句，再添加些你自己的话。大声地重复这些话，直到听起来舒服为止。如果可能的话，和一位朋友一起练习。开始时，这些语句会让你感到尴尬。我们当中几乎没有人能以简短而不动感情的一两句话回答对方的连珠炮般的发问的经验。但这样做，对方的怒火就会熄灭很多。

喋喋之语，立即闭嘴

> 人总想用喋喋不休去说服别人，改变别人，引起别人的重视。殊不知自己的喋喋不休非但不会使别人改变多少，不会使自己的愿望实现多少，反倒让别人改变了对自己的看法和态度，彼此被激怒敌视。

在所有阻碍家庭幸福与毁灭爱情的因素中，喋喋不休是最致命的。如果你是一位女性，尤其应该对此引起重视，因为你更易犯下这种错误。你所经营的琐事会让你养成此习惯，你求胜求美求和之切会让你养成此习惯，你心思细腻，爱把生活的账记在心里，会让你养成此习惯。高兴时还好，不高兴时，女人最爱翻旧账，那些陈芝麻烂谷子的事一并回想，话匣子怎能关上？

生活中我们切忌喋喋不休。如果有什么烦心事放在心里着实难受，想向对方一吐为快时，不妨把这笔账先记在本子上，千万别记在心里，让它冷却一段时间，叮嘱自己待日后新老账一起算。然而

第九章
别急着开口，说话前先琢磨对方心理

当日后想起算账，拿出账本看看，列数一遍，才发现所有的事早已不是先前那么回事，很难再找到喋喋不休的话题了。

多么有益的语言和动机，在你不得方法的唠叨中，对别人是一种残酷的折磨，结果，只会使得别人远离你。

法国皇帝拿破仑三世和世界上最美丽的女人依琴妮·蒂芭女伯爵，双双坠入情网，并且，很快结了婚。

他的大臣们纷纷指出蒂芭仅是西班牙一个没落世家的女儿，可是拿破仑却回答道："那有什么关系呢！"

是的，她的秀雅，她的美丽，她的青春，她的魅力，蒂芭的一切已经使拿破仑喜不自胜，觉得自己太幸福了。他在宝座上，兴奋地向全国宣布说："我已挑选了一位我所钟爱的女子。"

拿破仑皇帝和他的新婚夫人具有美满婚姻所必备的一切条件，健康、声望、财富、权力、美丽、爱情，神圣的结合之火从来没有像他们这样炽烈又辉耀。

可是，没有多久，这股炽烈、辉耀的火焰却渐渐冷却下来，终于只剩下一堆余烬。

拿破仑可以使蒂芭小姐成为至高无上的皇后，但是，他爱情的力量，国王的权威，却无法制止她每日的喋喋不休。

她常会去找她的姐姐，抱怨她的丈夫……诉苦、哭泣、唠叨不休。她常闯进他的书房，暴跳如雷、恶言谩骂……身为法国元首的拿破仑在拥有富丽堂皇的宫殿中，却找不到一间小屋让他能够安静地居住。

最后，蒂芭小姐的吵闹得到了什么？

被烦厌苦恼折磨下的拿破仑，在那以后，常于夜间从宫殿的一扇小门潜出。他用一顶软帽遮住脸部，由一个亲信侍从陪着，去与能够善解人意的另一位美丽女人幽会，或者在巴黎城内漫游。

爱情不能在长久的喋喋不休的吵闹中存在。

这个世界上，男人喋喋不休占少数，大部分是女人们在喋喋不休。

为什么？

当一个美满的家庭度过了一段时光以后，可能是 7 年或者是 10 年，这时男子已经有了稳定的收入，社会阅历丰富，成熟男人的魅力似乎达到了峰值。女人却相反，她们的青春已经流失一多半，她们那种无奈的失落感是男人无法理解的。

最重要的抚育孩子的工作由母亲担负，家中大小事务多数也由妻子操劳，而这些劳动创造出来的价值是无形的或者是不能用钱来衡量的。这些无形的价值并不被所有人认可或意识到，甚至包括女人自己，而这些无形的价值不低于在外面工作所创造出的价值。此时她开始为这不平衡而又无法表述清楚的东西喋喋不休。

她开始叹息已逝的青春，嫉妒与丈夫来往的女人，不断怀疑丈夫已经不再爱自己，用恶言试探他是否变了心，她开始不停地挑丈夫的错误，她在试图把失落的情绪转嫁给她最近的人。她希望能够得到安慰。

这时，母亲的不良情绪开始波及到孩子，她不断地要求孩子去学习，一遍一遍地催促孩子离开电视机。

第九章
别急着开口，说话前先琢磨对方心理

看到孩子的同学打电话来，她反复地追问为什么电话过于频繁，怀疑孩子早恋了。当孩子买了本无关学习的书，她会没完没了地讲前途的重要性。当孩子有了自己的爱好时，她担心得要命，怕孩子误入歧途，每天要监视孩子的生活。

孩子于是拿着书躲进自己的屋里，不听母亲喋喋不休的唠叨，也没有按她唠叨的要求去学习。现在他可以躲进一间小屋，将来他可以逃离这个家庭！

要知道——不愉快的情绪会引起情绪逃避。

人们总是喜欢快乐，没有人会喜欢痛苦、悲伤。人们喜欢听到喜鹊叫，因为喜鹊叫预示喜事到来，会给人一个愉快的心情，一看到报丧的乌鸦，人们总是避之唯恐不及。那些开朗活泼、给人带来快乐的人总是被人们喜爱。

像《还珠格格》中的小燕子，活蹦乱跳、开朗活泼，被乾隆皇帝称为自己的开心果。那些老是诉苦、老是抱怨，老是给别人带来不快乐的人，人们不会乐意与他们打交道。像契诃夫的小说《装在套子里的人》中的别里科夫，整天这也抱怨，那也阻止，看到他就令人头痛。像鲁迅的小说《祝福》中的祥林嫂，孩子被狼吃了，天天跟别人诉说她的悲惨遭遇，开始人们还同情地听，到最后，人们一看到她就远远走开了。

有人认为这是一种人性的冷漠，但实际上这是一种正常的心理。我们自己设身处地地想一想，当有人一天到晚在你面前喋喋不休地抱怨诉苦，你自己也会感到非常不愉快。

生活中，人们的压力本来就大，事情本来就多，没有人喜欢再

来用这些不愉快的事情干扰自己的生活，弄糟自己的心情。碰到这些愁眉苦脸、愤世嫉俗的人，人们自然会逃避。

交际中，不要把不愉快的情绪传染给别人，这是值得每个人铭记的原则。

第九章
别急着开口，说话前先琢磨对方心理

有毛病的话，纠正后说

> 在日常交谈中，人们常会犯些小毛病，有些人认为这都是生活中的小细节，不去重视，而不知道就是因为这些不起眼的小细节，在时刻影响着自己说话的形象，减低对方与你交谈的兴趣，甚至引起别人的反感。

有毛病的话需要小心防范和设法加以纠正，首先是说话方式的问题，主要有以下几种类型。

咬字不清。有的人在谈话中，常常会有些字句含含糊糊，叫人听不清楚或者误解了他的意思。所以，不说则已，只要开口，就应该一个字一个字清楚准确地说出来。

话有杂音。在说话的时候，加上许多没有意义的杂音，这比喜欢用多余的字句更令人不舒服。如每说一句话之前，必先清清自己的喉咙，还有的人一句话里面加上几个"呃"字……这些杂音会使人产生一种不快之感，好像给原本的精彩语言，蒙上一层灰色的纱。

用字笼统。有许多人喜欢用一个字去代替许多字。如有人在所有满意的场合，都用一个"好"字来代替。"这歌唱得真好！""这是一篇好文章。""这山好，水也好。""这房子很好。""这个人很好。"其实，别人很想知道一切究竟是怎样的好法。是这房子宽敞，还是设计得很别致，或是材料很结实？是这人很老实，还是很慷慨？单是一个"好"字，就叫人有点摸不着头脑。还有这样的人，用"那个"代替几乎所有的形容词，例如："这部影片的确是很那个的。""这件事未免太那个了。""这封信叫人看了很那个的。"这一类毛病，主要是由于头脑偷懒，不肯多费一点精神去寻找一个恰如其分的字眼。如果放任这种习惯，就容易使人听了觉得笼统空洞，没有内容，因而也就得不到别人的重视了。

过于夸张。有的人，无论在什么场合都喜欢用夸张的语言去强调一件事物的特性，以引起别人的注意。例如："这个意见非常重要。""这本书写得非常精彩。""这是一部非常伟大的戏剧。""这种做法是极端危险的。""这个女人简直是无法形容的美丽。"如此这般，讲得多了，别人也就自然而然地把你所夸大的字眼都大打折扣，这会使你语言的威信大为降低了。

逻辑混乱。在叙说事理的时候，最重要的是层次清晰，条理分明。所以，在交谈以前，必先在脑子里将所要讲的事情好好地整理一下，分成几个清楚明确的段落，摒除不重要的细节。不然的话，说起话来就会拖拖拉拉，繁杂不清了。特别是当一个人叙述自己亲身经历的时候，巴不得一口就能把所见所闻全盘托出，结果却叫人听起来非常吃力。

第九章
别急着开口，说话前先琢磨对方心理

矫揉造作。矫揉造作有多种形式的表现，有的人喜欢在交谈中加进几句外语；有的人喜欢在谈话中加进几个学术性的名词；有的人喜欢把一些流行的字眼挂在口头；有的人喜欢引用几句名言，放在并不适当的地方。这会让人觉得是在卖弄学识，故作高深，还不如自然、平实的言语更容易让人接受。

除了以上说话方式上的毛病之外，还有如下必须克服的说话"带把儿"的毛病。

有的人在说话过程中相同的词会反复地使用。某大学的讲师，在讲话中老带"嗯——"这一口头语，有人用心数了一下，30分钟内共用了60多个"嗯——"。连传道授业的人都如此，何况是一般的人呢。

口头语最多的恐怕是连接词"嗯""这个"等，虽然听者对带口头语的人不一定会起反感，有时甚至会觉得怪好玩的，但是一般人都会觉得烦琐、别扭。

除此之外，还有"所以""总而言之""尤其是""可是""也是""绝对""必须""不""岂有此理"等口头语，不管哪一种均很强硬、刺耳，也容易引起对方的反感。一位销售业绩很好的经理对他的员工就这个问题专门强调过："我就曾经有过，'追根究底地说、基本上来说、我还是想冒昧问您一下子行不行'等口头语。比如有一次，我与某客户商谈得很愉快，快结束前我的老毛病又犯了，忍不住说：'追根究底地说您买还是不买呢？'那位客户原本笑着的脸一下子变了，绷着个脸冷笑着说：'对不起，尽管我们谈得很好，但我的结论是NO。'这些口头语一是显得目的性太强，二是含有责备对方或大

吹大擂的口气，因此很容易得罪对方。一旦得罪了对方，要消除对方的反感就需要很长的时间了。"

像"是啊""的确是那么回事"这种肯定对方意见的口头语是容易被对方所接受的，一般来说也不会引起麻烦，但像"可是""不""岂有此理"等否定性的口头语或像"总而言之""无论如何"之类吹毛求疵的口头语就很容易被对方误解。

如何纠正说话的毛病呢？

必须优雅地用词。

在沟通过程中除了要注意嗓音和语气，说话时的用词造句同样也会影响你的语言表达。说话时若能运用恰当的词汇，并将声音的魅力显现出来，自然会让人忽略嗓音不太好的缺陷，而想继续聆听。

优雅用词造句的要点包括：第一，说完整的词句。不要吞吞吐吐或欲言又止，否则会让人觉得你不爽快，严重些还会让沟通的对象对你的人格产生怀疑。第二，不说粗话。说粗话的情况并非仅存于中低劳动阶层，有许多学识深、地位高的"高级人士"也认为，当自己遇到稍微不顺心的事时，说一句脏话并无伤大雅。其实不然，在公众场合说粗话是对个人形象的很大伤害，更是一种听觉上的污染，给听者带来不快。第三，避免冗长无味或意思重复的言语。比如："你明白我的意思吗？""你说好不好？""你知道吗？"也不要采用流行语、口头禅作为开场白，如"哇噻"。有些父母从孩子身上学到青少年所惯用的流行语，以为说了这些话就代表跟得上潮流，实则不然，毕竟年长者说着一口年轻人的流行语，既幼稚又有失身份。第四，不要用"嗯""哦"等鼻子发出的声音来表达个人意见的同意

第九章
别急着开口，说话前先琢磨对方心理

与否（别忘了鼻子是用来呼吸的，不是用来答话的）。这些音调虽非粗话，却是懒惰的表现，会令谈话者有不受重视的感觉。

但是，使用优雅的词汇进行交流并不是鼓励使用那些极为拗口的书面语，甚或文言文，这样容易给人卖弄的感觉，也会给沟通造成障碍。还要注意不要在谈话中夹杂半生不熟的外语。

插话，等时机再说

> 会说话的人，在别人说话的时候，会很注意地倾听，然后适时地提出自己的意见；而不会说话的人，在别人说话的时候，总是随时摆出一副跃跃欲试的样子，一有机会，马上插嘴。

在交谈中，每个人都有发言权。但许多人往往过分相信自己的理解能力和判断能力，常常不等别人把话说完就随意插话、打断对方，这样是有失礼貌的行为，不但会搅了别人的兴致，还会阻碍别人的思想，破坏别人的情绪，引起别人的反感。

老白在镇上盖了一套两层的楼房，在房子的第二层刚封顶时，几个朋友在他家吃饭。席间，突然来了一位专门安装铝合金门窗的个体户，与老白一见面就递了张名片，并介绍了他做铝合金门窗的优势。

老白说："虽然我们以前不认识，但通过你刚才的一席话，得

第九章
别急着开口，说话前先琢磨对方心理

知你对铝合金门窗安装的经验丰富，假如我房子的门窗让你来安装，我相信你能安装，也相信你能做得很好。但是在你今天来之前，我们厂里一名下岗钳工已向我提起过，门窗安装之事已决定由他来做……"

老白的话还未说完，那个个体户便插话了："你是说小杨吧？他最近是给几家安装了门窗，但他那'小米加步枪'式的做法怎能与我比？"

这话不说还好，一说便让老白顿时拿定了主意，接着说："不错，他尽管是手工作业，没有你那先进的设备，但他目前下岗在家，资金不够丰厚，只能这样慢慢完善。出于同事之间的交情，我不能不让他做！"

就这样，那个个体户只得怏怏离开了。

之后，老白对我们说："那个个体户没听懂我的意思，把我的话给打断了。本来，我是暗示他，做铝合金门窗的人很多，不止他一个上门来请求安装。我已打听到了他做门窗多年，安装熟练，且很美观，但他的报价很高，我只是想杀杀他的价格。可他的一番话攻击了我同事小杨的人品，我宁愿找别人，也不要让他来安装我的门窗。"

这本来是一桩很不错的生意，最终却以失败告终，最主要的原因就是那个个体户过于急躁，不等人家把话说完，甚至还没有听懂别人的意思，就打断别人的话头，结果把眼看就要到手的生意给丢了。

如果一个人正讲得兴致勃勃，听众也正听得津津有味，而此时

你却突然插嘴。在这种情况下，不但说话者对你没有好感，很可能其他人也不会对你有好感。在别人说话的时候，你应该耐心地聆听他人的话，注意不要插话搅了对方的兴致，这时，点头示意比贸然插嘴要好得多。

插话，就像是一把钩子，不到万不得已时，最好不要用它。约翰·洛克指出："打断别人说话是最无礼的行为。"所以，在别人说话的时候，你最好不要用不相关的话题打断别人的谈话；不要用无意义的评论扰乱别人的谈话；不要抢着替别人说话；不要急于帮助别人讲完故事；不要打断他人的话去争论一些毫不重要的细节。

在听别人说话时，假如你真的有没听懂的地方，或者听漏了一两句，也千万别在对方说话中途突然提出问题，而应该等他把话说完，再提出："很抱歉，刚才中间有一两句你说的是……吗？"如果你在对方谈话中间打断别人："等等，你刚才这句话能不能再重复一遍？"这样，对方就会产生一种受到命令或指示的感觉。

听人说话，务必有始有终。但能做到这一点的人却不多。有些人往往因为疑惑对方所讲的内容，便脱口而出："这话不太好吧！"或因为不满意对方的意见而提出自己的见解，甚至当对方有些停顿时就抢着说："你要说的是不是这样……"由于你的插话，很可能打断对方的思路，使对方忘记真正要讲的话。

总而言之，请你记住一点：不要随意插话。除非说话的人讲话的时间拖得过长，他的话不再吸引人，甚至令人昏昏欲睡，已经引起大家的厌烦，这时，你打断他倒是做了一件好事。

虽然在别人讲话时，插话是十分不礼貌的，但如果有必要表明

第九章
别急着开口，说话前先琢磨对方心理

你的意见，非要打断讲话，那么你就必须十分注意自己的插话技巧。

如果你不同意对方的看法，一般也不要打断他的谈话。但如果你们比较熟悉，或者问题特别重要，也可以先表示一下态度，待对方说完后再作详细阐述。

交谈过程中，如果你想补充另一方的谈话，或者联想到与谈话有关的情况，想即刻作点说明，这时，可以对讲话者说"请允许我补充一点"，或者说"我插一句"。然后，说出自己的意见。这样的插话不宜过多，以免扰乱对方的思路。

当你要找交谈者中的某一人处理事情时，可以先给他一些小动作的暗示，他一般会找机会和你讲话。你也可先向他们打个招呼："很对不起，打断你们一下。"当他们停止交谈时，即用尽可能简洁的语言说明来意。一旦事情处理完毕，立即离开现场。

如果你想加入他们的谈话，则可以找个适当的机会，礼貌地说："对不起，我可以加入你们的谈话吗？"或者，大方客气地打招呼，叫你的同事互相介绍一下，就能很快打破生疏的感觉。

总之，在与别人交谈的时候，不要随意插话，如果不得不发表自己的看法，也一定要注意插话的时机，这样才能始终保持交谈的顺畅与和谐。

第十章

不该说的话决不轻易说出口

扫兴的话，最好不要说

> 生活中有一种人，说话不注意场合，不看时机、对象，从而导致尴尬的事出现。因此，扫兴的话，最好还是不说。

人都有局限性，都有自己的爱好、兴趣和志向。人与人沟通时，一般来说，都只会讲与自己有关的事，自己感兴趣的事，这是人的天性。

沟通的双方若价值观大致相同，则谈话基本上在相同的频道上，不会产生太大的分歧；若两人的人生观点大不相同，则会在谈话中出现语言交锋与冲突；若双方各自坚持己见，则会产生新的矛盾，导致关系破裂。

既然无法轻易改变他人，那你说了令人扫兴的话又有何意义呢？何况对方不仅不买账，而且还会与你疏远。

人性就是这样，谁的观点都不可能完全被否定。

令人扫兴的话有两种可能：一是讲到别人不爱听的话，讲到别

第十章
不该说的话决不轻易说出口

人的短处;二是打断谈话者的说话兴致,中断正在说的话。

这些都是不礼貌的行为。

哪壶不开提哪壶,常常令说话对方十分尴尬,十分恼火,甚至导致人际关系破裂。

小王是一个外地来的打工者,她家境不好,父亲有病,她必须多赚钱为父亲治病。她人长得漂亮,工作也很努力,向家中汇了不少钱。为了挣钱,已33岁的她几乎没有时间谈恋爱。

由于她工作负责,被公司提升为区域经理。朋友们为此而相聚庆祝。

其中有一个朋友不会说话,他不仅没有祝福,而且还郑重其事地说:"事业没啥用,对女人来说,最成功的女人就是找到一个好老公,那样的女人才是最幸福的女人。"

小王最怕的就是提到婚姻大事,何况她已33岁了。她委婉地说:"你的观点,我持保留态度,今天我们不谈这个。"

那不会说话的朋友反而较真儿:"我昨天看了一则报道说,一个女人26岁还未嫁出去,以后就很难嫁掉了,而且会越来越掉价。"

小王本已33岁,听到这样刺激的话,脸当场气青了。她转身走开了,不愿跟这样的人继续往下聊。

聚会散后,小王再也没有与那人来往过了。

说话是讲究对象的,人家33岁未嫁,本就是人家的心病之一,你反复强调26岁若未嫁出去就掉价了,岂不是当场在侮辱对方。

有一种人,由于命运之神使他处于某种他自以为最优越的地位,因而处处表现得唯我独尊,与人交谈时总是居高临下,扫人话兴。

沟通的艺术

陈尚杰和刘德民是师范大学的老同学，毕业以后各奔前程。分别9年后他们不期而遇，亲切地交谈起来。

这时，陈尚杰已在区政府里做了一名很有实权的科长，正雄心勃勃，春风得意；而刘德民仍在老老实实地当中学教师，教学任务很繁重，日子过得比较清苦。陈尚杰对刘德民的处境颇为同情，并居高临下地表示乐于帮助老同学跳出苦海，要刘德民步其后尘也到行政部门去谋个一官半职，但当即遭到刘德民的婉拒。

"人往高处走嘛，为什么要吊死在一棵树上呢？"陈尚杰很不解地问。

刘德民动情地说："我是一个农民的后代，是知识改变了我的命运。我因此有一个心结，那就是利用我的知识来改变更多的农村青年的命运，我总是把那些农村学生当作当年的自己。我刚当高三班主任时，有一个农村孩子复读了一年还未考上大学，家里没钱，他自己也没有信心了。是我鼓励他、帮助他复读了一年，他终于考上了重点大学。如今他在市税务局当上了中层干部，上个星期还开着自己的车来看望我呢！"

陈尚杰立即得意地说："怎么样？还是当官风光吧！"

刘德民觉得陈尚杰曲解了自己的心意，顿时好像吃了一只苍蝇，无言以对。

人各有志，刘德民为自己所从事的教育事业而安贫乐道，这本是无可厚非的，但陈尚杰却以己度人，硬要把刘德民往官场上拽，这便伤了刘德民的自尊心，扫尽了话兴，使他们的交谈难以为继。

说话是讲究场合的。赞美人时我们可以当着所有的人高声赞美，

第十章
不该说的话决不轻易说出口

但我们要说别人没面子的话时,最好是单独交流为好,否则会令听者十分难堪。

总之,令人扫兴的话,最好闭嘴别说。

另外,不给别人说话的机会的人也是令人扫兴的。

社交中的说话,同站在教室中教课或是站在演讲台上演说有很大不同,教课和演说,只有你一个人在说话,别人不能插嘴。社交中的说话,彼此在对等的地位,如果在这种谈话中,你一个人一直滔滔不绝,如高山瀑布,永不停止地倾泻着,那对方就没有说话的机会,完全是你说别人听了。这样肯定不会受人欢迎,甚至会被别人耻笑。世界著名记者麦开逊说:"不肯留神去听别人说话,是不受人欢迎的表现。"

每一个人都有表现欲,如几个人聚在一起讲故事,甲只管滔滔不绝地一个接一个地讲下去,使乙和丙想讲而没有机会讲。我们试想一下,乙和丙的心里一定不好受。因为他们自己没有说话的机会,专门听甲的讲话,自然会没有精神听下去,只好不欢而散了。

有一个卖货的小店,生意比其他店好。别人问店主为什么,他说:"我只是爱听客人说话,他们有事愿到我这儿来。"小故事讲出了大道理。

你如果能够给别人说话的机会,你也就能给人留下了一个好印象,在交谈中你就更容易乘风远航,顺利抵达自己说话的目的地。

揭短的话，半个字都说不得

> 哲学家说：沉默是一种成熟；思想家说：沉默是一种美德；教育家说：沉默一种智慧；艺术家说：沉默是一种魅力。

我们知道，在人际交往当中，沉默是一种难得的心理素质和可贵的处世之道。

具备优势的时候需要沉默。"天地有大美而不言"，太阳不语，自有光辉；高山不语，自有巍峨；蓝天不语，自有高远……人也一样，桃李不言，下自成蹊。

取得成绩的时候需要沉默。面对成绩和掌声，成功者报以深深的一鞠躬。这是无声的语言，是恰到好处的沉默。

遭受挫折的时候需要沉默。在失败和厄运面前，拭去眼泪，咬紧牙关，默默地总结教训，然后再投入新的战斗，不失为上策。

等待时机需要沉默。造化总是把机会赠送给有充分准备的人。怨天尤人无济于事，不断充实和完善自己才是可靠的。

第十章
不该说的话决不轻易说出口

承担痛苦的时候需要沉默。如果亲友沉浸在不能自拔的悲伤之中，此刻，无论你说什么，他都听不进去，那就默默地陪他度过一段时光，默默地为他做一些事情。

沟通心灵的时候需要沉默。不是随便打断他的话，而是善于倾听。在倾听中汲取智慧，弥补纰漏，建立信任，产生满足。

"少说话、少评论、少批评"，牢记"沉默是金"，才能更好地应付复杂的人际关系。切记管住自己的一张嘴。

张女士和杨女士都是孙莉的同事，孙莉发现杨女士经常在她面前说张女士的坏话，而张女士很少说过对方的不好。不管她们说什么，孙莉从没有向任何人提到过这些琐碎的闲话，因此，她们三人至今相处得很好。我们可以想象，如果我们每个人都不恪守沉默是金的原则，就会出现相互揭短的情况，那就不会有彼此之间的和谐关系。

世界并不完美，存在着不同状况不同程度的"短"，你我也是。于是就常常有揭短的行为发生，有时就发生在你我身上。

其实每个人都有长处，亦有短处，待人处世之成功，一个重要的因素就是包容对方的短处，善于发现对方的优点，称赞对方的长处，而不要抓住别人的隐私、痛处大做文章。切记：揭人之短，伤人自尊！

每个人都有虚荣心，指责或批评别人的时候尽量不要说到他的短处，否则会引起不必要的麻烦。

有些短是不能揭的。如果揭的所谓的短，与大家共同的事业完全不相干，或即使有关系也很勉强的话，被揭的人就会有被愚弄、穿小鞋、抓小辫子的感觉。还有极少数的情况，揭短是为了打击别人，或以揭人之短而护己之短。这样的揭短，应当缓行。人总是有短处的，人也不可能改正自身所有的短处，伟人亦不能，何况你我？

那么，当我们看到对方的短处，到底应该怎么办呢？

除非这短处对共同的事业构成威胁，违反了共同的秩序，否则随它去吧！容忍，是一种智慧，放任也是种关爱。每个人既有长处，也有短处，人与人之间的差异性，构成了丰富多彩的人类社会。

"揭短"，有时是故意的，那是互相敌视的双方用来作为攻击对方的武器。"揭短"，有时又是无意的，那是因为某种原因一不小心犯了对方的忌讳。有心也好，无意也罢，在待人处世中揭人之短都会伤害对方的自尊，轻则影响双方的感情，重则导致友谊的破裂。

俗话说得好："打人不打脸，说人不揭短。"要想与他人友好相处，就要尽量体谅他人，维护他人的自尊，避开言语雷区，千万不要揭人之短。

第十章
不该说的话决不轻易说出口

忌讳的话，要回避不说

> 由于复杂的社会和个人原因，人们往往有许多忌讳。说话时应特别小心，千万不可触动他人的忌讳，否则，得罪别人尚不知情，又为自己埋下了一颗地雷。

中国幅员辽阔，各地的方言不同，往往同样一句话，意义却完全相反。你以为侮辱，他以为尊敬；你以为尊敬，他以为侮辱，所以古人才有入境随俗的主张。

从前有个浙江人，到北方去做官，他的妻子也是南方人。有一天，太太叫女仆（女仆是北方人）洗衣服，她说："洗好后，出去晾晾。"晾晾的字音，南方人读做"浪浪"，浪浪在北方是不好听的词。女仆听了，当然觉得不高兴。太太询问原因后出口笑骂道："堂客！"堂客在江苏、浙江一带，是骂人的名词，女仆听了，却说："太太，不敢当！"太太又问其所以然，才知道原来在当地，"堂客"是尊敬女人的意思。

这是一个笑话,却可证明方言意义的不同。比如你称呼人家的小男孩,叫他小弟弟,总不算错吧?但是在江苏太仓人听来,认为你是骂他;比如你称呼老年男子为老先生,总不算错吧?但是在江苏嘉定人听来,当你是侮辱他。你在安徽,称朋友的母亲,叫老太婆是尊敬她;但是你在江浙称朋友的母亲为老太婆,那简直是骂她了。各地的风俗不同,说话上的忌讳各异,你与人交际,必须留心对方的忌讳。一不留心,脱口而出,最易令人不快。

虽然对方知道你不懂他的忌讳,情有可原,但你总是近乎失礼,至少是你犯了对方的忌讳,在友谊上是不会增进的。如果你对江浙人骂一声"混账",还不是十分严重,你如果这样骂北方女子一声,那就会被认为是奇耻大辱,非与你人肆交涉不可。

一言可以兴邦,一言可以乱世,所以老于世故的人,对人总是唯唯诺诺,可以不开口的,就情愿三缄其口。他人的隐私唯恐人知,你说话时偏在无意中说着他的隐私,言者无心,听者有意,他会认为你是有意揭破他的隐私,恨你入骨。

他做的事,别有用心,他对自己的用心,极力掩饰不让人知,如果被你知道了,必然对你非常不利。你若与他向来熟悉,对他的用心知之甚深,他虽不能断定你一定明白,然而终究会对你感到十分疑惑与妒忌。你处于这种困难境地,绝不可对他表明绝不泄密,那你将如何自处呢?你唯一的办法,只有装聋作哑,若无其事。

他有阴谋诡计,你却参与其事,代为决策,帮他执行,从乐观方面说,你是他的心腹,从悲观方面说,你是他的心腹之患。你虽谨慎地保守秘密,从来不提及这件事,一旦另外有高人猜中此事,

第十章
不该说的话决不轻易说出口

对外宣告，那么你无法逃脱泄露的嫌疑。

万一对方对你尚无深刻的认识，不十分信任，你却极力讨好他，假使他采纳你的话，然而试行的结果并不好，一定疑心你有意捉弄他，使他上当。即使试行结果很好，他对你也未必会增加好感，认为你只是偶然看到，试行又不是你的力量，怎可以算你的功劳，所以你这个时候还是不说话为好。

他犯有错误被你知道，你便不惜一切而声援正义，直言进谏。他本来就已觉得愧疚，唯恐旁人知情，你去揭破，他自然更觉惭愧，由惭愧而愤恨，由愤恨进而与你发生冲突，你不是凭空多了一个冤家？

留心对方忌讳，在交际上原是小事，在彼此情谊上却有极大影响。你在社会上做人，冤家越少越好，因为说话不识忌讳而多招冤家，那更是不值得了。

韩非子在《说难》中讲，龙的脖子上有两块逆鳞，谁触动了它，龙就会大发雷霆；人也有逆鳞，谁触动了它，人就会动怒变脸。这里说的是与人交谈的道理。其实，谁身上都有"逆鳞"——不愿别人触及的缺憾、隐私、伤疤之类，如果在交谈中不了解、不尊重对方，有意无意触动了这些敏感的"逆鳞"，轻则使交谈话不投机，不欢而散；重则令对方动怒变脸，甚至招致祸害。用一句俗语来说，那就是：当着矮子别说短话。

在拿破仑称霸欧洲大陆的时候，一位科学家建议他在战船上安装发动机，用机械动力代替人力和风力。高傲的拿破仑对这一"动力革命"的方案开始颇感兴趣。为了使拿破仑速做决策，那位科学家恭维地说:"陛下,如果有发动机助一臂之力,您一定会更加高大起来……"一听这话,拿破仑脸色陡变,冷冷地说:"我的战船装士兵还不够,哪有地方去装什么发动机呢,收起你那一套吧!"科学家碰了一鼻子灰。

原来拿破仑身材矮小,特别忌讳涉及他身高的词语。他从科学家所说"您一定会更加高大起来"一语,推断别人说他现在还"不高大——矮",是在蔑视他、嘲笑他,断然拒绝了科学家的方案,错失了千载难逢的历史机遇。如果那位科学家"当着矮子别说短话",让拿破仑高高兴兴地采纳这个方案,欧洲的历史也许就要改写了。

其实,在现实生活中,说话要看对象,"当着矮子别说短话",是交谈必须遵循的规则。

当着矮子,不仅不说短话,而且要专门找长话来说,毫不吝啬地赞扬对方的长处和优点,巧解对方的心结。这样,谈话才会投机,沟通才会顺畅,人际关系才会和谐温馨。而要做到这点需要的则是文明交谈。

礼貌是文明交谈的首要前提。在交谈中要体现出敬意、友善、得体的气度和风范。要做到文明交谈首先就要使用礼貌用语,如"请""谢谢"等;其次要注意学习一些礼貌忌语,一语不慎造成的后果可能是无法弥补的。

礼貌忌语是指不礼貌的语言,他人忌讳的语言,会使他人引起误解、不快的语言。不礼貌的语言,如粗话脏话,是语言中的垃圾,必须坚决清除。他人忌讳的语言是指他人不愿听的语言,交谈中要注意避免使用。

第十章
不该说的话决不轻易说出口

如谈到某人死了,可用"病故""走了"等委婉的语言来表达。港、澳、台同胞忌说不吉利的话,喜欢讨口彩。特别是香港人有喜"8"厌"4"的习惯。因香港人大都讲广东话,而广东话中"8"与"发"谐音,"4"与"死"同音。因此,在遇到非说"4"不可时,可用"两双"来代替。逢年过节,不宜说"新年快乐"或"节日快乐",而用"新年愉快"、"节日愉快"或"恭喜发财"代之。这也是谐音的关系,因为"快乐"与"快落"听起来很相似。

容易引起误解和不快的语言也要注意回避。在议论他人长相时,可把"肥胖"改说成"丰满"或"福相","瘦"则用"苗条"或"清秀"代之。参加婚礼时,应祝新婚夫妇白头偕老。在探望病人时,应说些宽慰的话,如"你的精神不错""你的气色比前几天好多了"等。随着语言本身的发展,一些词汇的意义也发生了转移,如"同志""小姐"等,在使用时要针对不同对象谨慎决定。在日常生活中,遇到矛盾冲突时,应冷静处理,不用指责的语言,多用谅解的语言。

此外,在交谈中,我们还应当避免争论的话题,即使你对这个话题有坚定不移的立场,最好也不要提起。因为争论很容易造成敌对心理,争执双方很快会陷入竞争状态,唇枪舌剑,互不相让,很少有人能对敌对者的攻击采取温和的反应,所以最好不使善意的讨论变成激辩。

其实,两个人之间的交谈很简单,只要找出双方都感兴趣的话题就行了。假如对方对你的话题不置可否,你须留意,切勿尖刻、偏执地讨论这个题目,还是另择题目为好。辩论对两个头脑冷静、有谈话技巧的对手来说是一种开心的游戏,可对于容易冲动和脾气不好的人却是一件危险的事。

人们在交谈中常有一些失言："哎，你儿子的脚跛得越来越厉害了。""你怎么还没结婚？""你真的要离婚吗？"一些别人内心秘而不宣的想法和隐私被你这些话无情地暴露出来，实在是不够理智的。如果你想让人喜欢，就不要对跛子谈跳舞的好处和乐趣，不要对一个自立奋发的人谈祖荫的好处，不要无端嘲笑和讽刺别人，尤其是别人无能为力的缺陷，否则就是一种刻薄。

第十章
不该说的话决不轻易说出口

惹祸之话,请咬牙不说

> 在与人交往的时候,要谨防祸从口出。"讲错话"常常会给我们带来很多不必要的麻烦,如何掌握分寸,就成了人际沟通中不可忽视的环节。

有许多性子直的人喜欢向周围的人倾吐苦水,虽然这样的交谈富有人情味,能使你们的关系变得友善,但是有研究调查指出,只有不到1%的人能够严守秘密。所以,当你发生危机或别人发生危机时,最好不要到处诉苦或讨论是非,不要把周围人的友善和友谊混为一谈,以免造成很多不必要的麻烦。

古时候,有个叫艾子的人发高烧,梦见阴曹地府的阎罗王正升堂问事。有几个鬼抬上一个人,说:"这人在阳世,干尽了缺德事。"阎王命令道:"用500亿万斤柴火烧煮。"牛头鬼上来押解。那人私下里探头问牛头鬼:"你既然主管牢狱,为何穿这么破烂的豹皮裤子呀?"牛头鬼说:"阴间没有豹皮,只有阳间有人焚化才能得到。"那人立即说:"如果你肯怜悯我,减少些柴,我能够活着回去,定为你焚化10张豹皮。"牛头鬼大喜,答应减去"亿万"两字,煮烧时也只是形式而已。待那人将归时,牛头鬼叮嘱道:"可千万不要忘了豹皮呀!"那人回头对牛头鬼说:"我有一诗要赠送给你。牛头狱主要知闻,权在阎王不在君。减扣官柴犹自可,更求枉法豹子皮。"牛头鬼大怒,把他投入滚沸的水锅里,并加添更多的柴煮了起来。艾子醒后,对他的徒弟们说:"必须相信口是祸之门啊!"

相反,说得好就会福从口入。

说话是一门艺术,不掌握技巧,没有分寸,不仅伤害自己,也会伤害别人。相反,如果掌握了一定的技巧,就会福从口入。西方有位哲人说过:"有一种能力可以使人很快完成伟业,并获得世人的认可,那就是讲话令人喜悦的能力。"

通观古今中外,凡是有作为的人,都把口德作为必备的修养之一,如古罗马共和国末期的政治家西塞罗就是一个有口德的人,还有我们敬爱的周恩来总理、美国总统林肯等。毫不夸张地说,一个人只有有了口德,才可以在与人打交道的时候使人心服口服,达到自己的目的。

有一位很优秀的食品推销员,就是一个非常善于说话的人。一般的推销员都是用"我们又生产出一些新产品"来开始自己的销售谈话,但他却意识到这样做效果并不好。于是,他对客户说:"如果有一笔生意能为你带来12万元,你有兴趣吗?""我当然感兴趣了,你说吧!""今年秋天,香料和食品罐头的价格最起码上涨20%。我已经算好了,今年你能售出多少香料和食品罐头,我告诉你……"

第十章
不该说的话决不轻易说出口

然后他就把一些数据写了下来。

我们可以看到,这个食品推销员掌握了一些与人交谈的技巧,从对方感兴趣的角度开始谈话。这个小故事可以看出语言的技巧是何等重要,如果以"我们又生产出一些新产品"为立足点,可能就做不成这笔生意。

语言的力量,能够征服人心。

当今社会是一个充满竞争与合作的信息化社会,说话不仅是人们日常生活之必需,也是直接影响个人事业成败的重要因素。生意场上有"金口玉言,利益攸关"之说;工作场合有"一言定乾坤"之说;生活中有"一言既出,驷马难追"之说。可见,在现代社会,是否能说,是否会说,影响着一个人的成败得失。

在现实生活中,人们要交流信息,沟通思想,必须拥有语言交流能力。不善言谈的人很难让人了解其自身的价值。

1991年,中国电影"金鸡奖"与"百花奖"在北京同时揭晓。李雪健因为主演《焦裕禄》中的焦裕禄,最终同时获得这两项大奖的"最佳男主角"奖。颁奖之后,李雪健在台上致答谢词时说:"苦和累都让一个好人——焦裕禄受了;名和利却让一个傻小子——李雪健得了。"他的话音刚落,赢得全场一片掌声。

他巧妙运用两句话,既赞美了焦裕禄的为民奉献精神,又表达了自己受之有愧的心情,打动了观众的心,给人留下难以忘却的美好印象。

语言的力量能征服人心。通过有口德语言的交流与沟通,陌生人可熟识起来,人与人之间的隔阂可以消失,甚至单位之间、社会集团之间、国家之间的矛盾有时也可以通过语言交流得到解决。若是没有口德，也可能在交际中失败，以至于损害自己的形象。

一位新秀歌手在一次演唱大赛中夺得冠军。主持人问这位歌手有什么感受时，他说："今天我得了第一名非常高兴，我赌得了奖金，而且也赌到了名声。""赌"字一出口，全场一片哗然，嘘声不断。在这种公开的场合，如此说话，只会给人以粗俗浅陋之感，致使"新秀"形象在观众心中大打折扣，并在潜意识中了解到了他的参赛动机与人品。

中国有句古话说："听君一席话，胜读十年书。"跟那些口才好的人交谈，比喝了醇酒更令人兴奋，良好的话语可以让人愉悦和激动，增进人们之间的感情交流与融洽。世界上没有哪一个正常人不需要说话，不需要和别人交流、沟通的，也没有哪一种工作不需要和别人打交道的。

在社会交往中，话语交流伴随着你每一刻，口德是你事业的推进器，是你家庭的和谐曲，也是你实现自我的凯旋曲。有了好口才，你将会愉快地工作，快乐地生活。

如果你想活得轻松，活得潇洒，一定要对口德给予足够的重视，否则就会湮没于人海中，饱尝辛酸。

那么，重视口德需要注意的语言禁忌都有哪些呢？

居高临下。不管你身份多高，背景多硬，资历多深，都应放下架子，平等地与人交谈，切不可给人以"高高在上"的感觉。

自我炫耀。交谈中，不要炫耀自己的长处、成绩，更不要或明

第十章
不该说的话决不轻易说出口

或暗拐弯抹角地为自己吹嘘，以免使人反感。

口若悬河。如果对方对你所谈的内容不懂或不感兴趣，不要不顾对方的情绪，自己始终口若悬河。

心不在焉。当你听别人讲话时，思想要集中，不要左顾右盼，或面带倦容、连打哈欠；或神情木然、毫无表情，让人觉得扫兴。

随意插嘴。要让别人把话说完，不要轻易打断别人的话。

节外生枝。要扣紧话题，不要节外生枝。如当大家正在兴致勃勃地谈论音乐，你突然把足球赛塞进来，显然不识"火候"。

搔首弄姿。与人交谈时，姿态要自然得体，手势要恰如其分。切不可指指点点，挤眉弄眼，更不要挖鼻掏耳，给人以轻浮或缺乏教养的印象。

挖苦嘲弄。别人在谈话时出现了错误或不妥，不应嘲笑，特别是在人多的场合尤其不可如此，否则会伤害对方的自尊心。也不要对交谈以外的人说长道短，这不仅有损别人，也有害自己，因为谈话者从此会警惕你在背后也说他的坏话。更不能把别人的生理缺陷当作笑料，无视他人的人格。

言不由衷。对不同看法，要坦诚地说出来，不要一味附和，也不要胡乱赞美、恭维别人，否则，令人觉得你不真诚。

故弄玄虚。本来是习以为常的事，切莫有意加工得神乎其神，语调时惊时惶、时断时续，或卖关子、玩深沉，让人捉摸不透。如此故弄玄虚，是很让人反感的。

冷暖不均。当几个人一起交谈时，切莫按自己的胃口，更不要按他人的身份而区别对待，热衷于与某些人交谈而冷落另一些人。不公平的交谈是不会令人愉快的。

短话长谈。切不可泡在谈话中，鸡毛蒜皮地掘话题，浪费大家的宝贵时间。要适可而止，说完就走，提高谈话的效率。

隐私之语，请闭嘴不说

> 谁都有自己的隐私，都有些东西是不想让别人知道的。因此，有些话，由于关系的生疏，我们是不应该去探听的，更不能去说。

热衷于打听别人隐私的人是令人讨厌的。在西方人的应酬中，探问女士的年龄被看成是最不礼貌的习惯之一，所以西方人在日常应酬中可以对女士毫无顾忌地大加赞赏，却不去过问对方的年龄。

人们似乎都有一大爱好，那就是特别关注他人的隐私，而且尤其以关注名人的隐私为重。那些街头小报一旦出现了一篇有关某某名人的隐私，如"某某离婚揭秘""某某情变内幕"之类，就容易被哄抢一空。

在与人交往中，为了避免引起别人的不快，一定要避免探问对方的隐私。在你打算向对方提出某个问题的时候，最好是先在脑中过一遍，看这个问题是否会涉及对方的个人隐私，如果涉及了，要尽可能地避免，这样对方不仅会乐于接受你，还会因为你在应酬中得体的问话与轻松的交谈而对你留下好印象，为继续交往打下了良好的基础。

青年易某QQ昵称为"孤单北半球"，一次上网时偶然发现一个网名为"一个人的世界"的女士。于是他加她为好友，和她有这样一段对话：

孤单北半球：你好啊，可以聊聊吗？

一个人的世界：好哇。

孤单北半球：我看了你的资料，填的是主持人兼歌手，你真的是从事影视娱乐方面的工作吗？你多大年纪了呀？

一个人的世界：对呀，年龄嘛，我忘了！呵呵……

孤单北半球：你从事娱乐方面的工作，追捧的人一定很多吧，怎么会是"一个人的世界"呢？都说影视名人换男女朋友比换衣服还勤，女的是每周一"哥"，男的就要用"你究竟有几个好妹妹"（一句歌词）来质问了，现实中是这样的吗？

一个人的世界：哪有呀，这都是娱乐记者们瞎炒作。其实，有许多明星很专情的。

孤单北半球：你是因为太过专情还是因为挑花了眼呢？你以前应该交过不少BF（boy friend缩写，即男朋友）。

一个人的世界：你这人怎么这样？怎么老是问些私人问题？

说罢，"一个人的世界"便把易某列入"黑名单"。

每个人都有隐私，或是性格方面的或是生活方面的再或者生理方面的。这些隐私通常是他比较忌讳的，因此千万不要追问别人的

第十章
不该说的话决不轻易说出口

隐私。青年易某和网友"一个人的世界"聊天时,专门挑人家的隐私问,他以怀疑的态度来探问别人的职业。要知道网友QQ资料未必都是真实的,有的是为张扬个性,有的是随便取的网名,有的是为了满足虚荣心而有意"提拔"自己的身份。如果你太过较真了,自然会遭到别人的反感。打探一位女士的年龄无疑是犯了交际"死罪",最后又去追问别人的私生活,难怪最后被别人"枪毙"了。

具体地说,在日常应酬中,涉及隐私的主要有以下几个方面:女士的年龄;工作情况及经济收入;家庭内务及存款;夫妻感情;身体(疾病)情况;私生活;不愿公开的工作计划;不愿意为人所知的隐秘。

除了不要追问别人的隐私之外,还要注意不能当众揭对方的隐私和错处。

有人喜欢当众谈及对方隐私、错处。心理学研究表明:谁都不愿把自己的错处或隐私在公众面前曝光,一旦被人曝光,就会感到难堪进而恼怒。因此在交往中,如果不是为了某种特殊需要,一般应尽量避免接触这些敏感区,避免使对方当众出丑。必要时可采用委婉的话暗示你已知道他的错处或隐私,让他感到有压力而不得不改正。知趣的、会权衡的人只须点到即止,一般是会顾全自己的脸面而悄悄收场的。当面揭短,让对方出了丑,说不定会恼羞成怒,或者干脆耍赖,出现很难堪的局面。至于一些纯属隐私、非原则性的错处,最好的办法是装聋作哑,千万别去追究。

有些事情心知肚明即可,何必嘴快,问些不该问的话,结果弄糟了事情,损失的是自己的利益。

沟通的艺术

阿花好不容易才找到了一份在咖啡馆做服务员的工作,却只上了一天班就被老板炒了鱿鱼。想想她的条件并不是很差,也没有做错什么事,只是不小心问了一句不该问的话。

那天,阿花刚一上班店里就进来了三位客人,她随即拿着菜单,去让这三位客人点餐。第一位客人点的是冰红茶,第二位客人点的是冰咖啡,第三位客人点的也是冰咖啡,但是,他特别强调要用干净一点儿的杯子。

很快,阿花将这三位客人所点的饮料用盘子端了出来,一边朝他们坐着的方向走来,一边还大声地向这三位客人问道:"你们谁点的冰咖啡是要用干净一点儿的杯子?"

就凭阿花的这一句话,老板当然会毫不客气地炒她的鱿鱼,因为谁也不会去搬起石头砸自己的脚。

在工作中,要讲究说话的方式,同样,在与人交往的过程中,也要把握好说话的分寸,恰到好处地说好该说的话。

有一年全国高考结束不久,一名记者去采访一位外语专业的优秀考生。原先设想好的问题中有"你父母是否具有辅导你学习英语的能力",但是到了现场,看到考生的父母也陪伴在场,如果按照原先准备的提问方式来交谈,就显得唐突而不礼貌。于是他将原来的提问改为"你们一家是不是常常在一起讨论学习英语方面的问题",这样一来,既能有效地获得所要的信息,又显得相当自然。

说话不仅要根据条件的不同而采取不同的表达方式,也要根据前后话语相互联系而恰当地选择语言。

讲究说话的艺术对于迅速有效地传递信息,塑造良好的自我形

第十章
不该说的话决不轻易说出口

象有着不可忽视的重要作用。如果只贪图自己一时的痛快而无所顾忌地说了不该说的话,则只会给自己制造出一些不必要的麻烦。

说话交谈切忌纠缠不休。

刘某喜欢在网上交朋友,经常在网站的聊天室和网友聊得热火朝天,其中对一个叫"亲亲宝贝"的女网友更是一"键"钟情。聊了几次后,两人更加一"网"情深。一天晚上刘某又进入聊天室,选择单独空间和她私聊起来:

刘某:大美女,好啊!你有好些日子没上网了呀?

亲亲宝贝:是啊,最近很忙啊,每天都加班,累死我了。

刘某:我们好好聊上一通就不累了吧。

亲亲宝贝:我今天有点累,下次再聊好吗?我过一会儿就下了。

刘某:这怎么行,我们都好几天没聊了,今天非得好好地聊上一聊!

亲亲宝贝:不好意思,我实在是太累了,我这两天都没有好好睡上一觉,昨天加了个通宵啊,今晚得早点睡。

刘某:精神的力量是无穷的,只要我们聊得兴起,精神振奋,疲劳自然就消失了,况且我好些日子没见着你了,我想看看你是不是变得更加漂亮了(说罢便把视频发了过去)。

亲亲宝贝:……

"亲亲宝贝"敲上一串省略号,表示对他"无语",然后就下线了。从此以后,只要一看到刘某上线"亲亲宝贝"就隐身。

之所以有这么多人青睐于网络交际,除了获取一些信息外,一个很重要的原因,是想在网聊中缓解工作上的压力,排除生活中的烦恼，从而获得一份好心情。一个通情达理、善解人意的人往往会充分尊重网友的意愿，而不会为难他人，更不会死缠烂打向网友提出一些不情之请。上例中的刘某，他明知道网友很累，是最需要休息的时候，并且在她提出下次再聊的请求后，他仍然纠缠不休，大有不达目的不罢休的架势，这就难怪"亲亲宝贝"对他"无语"，以后也都躲着他了。